中国人文标识 China

|第四辑|

苏州园林

写在城市山水间的诗

宁肖波　张宝鑫　谷　媛 | 著

五洲传播出版社·北京
China Intercontinental Press

图书在版编目（CIP）数据

苏州园林，写在城市山水间的诗 / 宁肖波, 张宝鑫, 谷媛著. -- 北京 : 五洲传播出版社, 2024.3
（中国人文标识）
ISBN 978-7-5085-5150-0

Ⅰ. ①苏… Ⅱ. ①宁… ②张… ③谷… Ⅲ. ①古典园林—苏州—通俗读物 Ⅳ. ①K928.73

中国国家版本馆CIP数据核字(2024)第009215号

作　　者：宁肖波　张宝鑫　谷　媛
图　　片：苏州园林博物馆　图虫创意/Adobe Stock　视觉中国
出 版 人：关　宏
责任编辑：梁　媛
装帧设计：山谷有魚　张伯阳

苏州园林，写在城市山水间的诗
出版发行：五洲传播出版社
地　　址：北京市海淀区北三环中路31号生产力大楼B座6层
邮　　编：100088
电　　话：010-82005927，82007837
网　　址：www.cicc.org.cn，www.thatsbook.com
印　　刷：北京市房山腾龙印刷厂
版　　次：2024年3月第1版第1次印刷
开　　本：710mm × 1000mm　1/16
印　　张：12
字　　数：180千
定　　价：68.00元

序

一部奇书

流传了几百年

一个小人物

隐藏于市井之间

通过平凡的点滴

演绎一段传奇的爱情故事

掀开尘封的一角

让我们有幸窥得古代文人的离合悲欢

感受那山水之间的隐士文化

回首时

吴门细雨

往事如烟

清乾隆二十八年（1763年），沈复出生在江苏苏州府的长洲，姑苏城南沧浪亭旁一个普通的家庭，虽非大富大贵，但在少年时倒也衣食无忧。沈复有一个快乐且自由的童年，有属于自己的闲情志趣。“盛藐小微物，必细察其纹理，故时有物外之趣。”他很喜欢观察和想象。比如夏天把蚊子关在蚊帐之中，慢慢地用烟喷蚊子，脑子里想象着鹤舞青云的景象；或者趴在地上观两虫相斗，把丛草想象成高大的树林，把虫蚁想象成野兽，把凸出的土砾想象成山丘，把凹陷一点的土砾想象成沟壑，放大了一个微观世界并神游其中，就这样沉浸在自己的快乐之中。

13岁时，沈复跟着母亲回外祖家，在那里遇到表姐陈芸，两人一见倾心，于是一段最美的爱情就这样萌芽了，且不断成长、盛放。这份爱情的点点滴滴记录在沈复的自传《浮生六记》中。书中以6个不同的生活侧面记录下人生的酸甜苦辣、世情百态。沈复虽半生潦倒，颠沛流离，却依然和夫人陈芸将清贫的生活过得热气腾腾。两人耳鬓厮磨，伉俪情笃，琴瑟和鸣23年，留下了数不清的生活故事，充满乐趣，耐人寻味。这些生活细节虽平实但却感人至深，细品之下，只觉浮生如梦，为欢几何。

就是在这样一个极富传奇色彩的苏式爱情故事里，我们能看到沧浪亭、饮马桥、虎丘，以及寒山寺等最有苏州韵味的江南美景。透过沈复笔下优美的文字，我们还可以感受并在脑海中勾勒出苏州古城的概貌，看到了古代文人隐于市井的苏式生活，看到了一个有人情味、有温度的苏州……

已有2500多年历史的苏州，既有绝美的山川景色，又有厚重的历史文化。就连“苏州”这个名字，都透着浓浓的中式情调。苏州为中国开辟了一个独特的文化空间，使江南成为一种文化意象。在这个文化空间中，园林、昆曲、书画、饮食、家具、刺绣……物质的、非物质的文化符号相互映衬、相互交融，大大拓展了苏州的审美空间。

和苏州建城史一样悠久的，是苏州的园林建造史。没有园林，苏州便不是苏州了。苏州园林所蕴含的中华哲学、历史、人文习俗不仅是江南人文历史传统、地方风俗的象征，也是中国传统文化的精华。

目 录

× 艺圃

第一章

吴门烟水舍连扉

一座姑苏城，半部江南诗。

古老的苏州，伴随着悠久的岁月积累和文化沉淀，不断增益其内涵与底蕴，整座城市亦成为长雕久琢的艺术瑰宝，熠熠生辉。吴文化与古典园林，以其辉煌的成就和深远的影响，谱写了中华文化史上恢宏大气而又不失风雅秀美的篇章。

苏州园林　写在城市山水间的诗

PART 01
营城之始

苏州古称姑苏、平江。在很多现代苏州人的眼里，与苏州关系最密切、最为当地人所称道的历史名人，当数春秋时期的吴国大夫伍子胥（名员，字子胥，楚国人）。他营造姑苏城（即现在的苏州古城）的故事直到现在仍被苏州人津津乐道。

2500多年前，春秋末期，苏州所在的地区还只是太湖边的一片原野，其间零星散落着一些小村落，年复一年地默默无闻。有一天，从临近的楚

伍子胥画像

国来了一个名叫伍子胥的人。因为父亲伍奢和哥哥伍尚被楚平王杀害，为了避免被株连，伍子胥历经千辛万苦，辗转逃到吴国，最终得到吴王阖闾的信任和重用。伍子胥在吴国大夫任上三十多年，励精图治，鞠躬尽瘁，终成吴国的一代贤相。他在任期间政绩卓著，建造苏州城就是其中一项影响深远的千古功绩。

吴国前期的都城位于梅里（在今江苏无锡地区）。周敬王六年（前514年），伍子胥伐楚归来之后，吴王阖闾安排他筹划新建都城。伍子胥“相土尝水，象天法地”，对吴中之地的地理和水文条件进行反复考察和充分分析，最终将新城的城址选在了太湖东岸的丘陵和平原之间。

这片土地的西面是太湖，后面有连绵的群山，可以作为天然的屏障，阻挡周边强敌楚国的侵犯，出产的优质石材，能为筑城提供大量坚硬的优质石料；东面是辽阔的江南平原沃野，其间密布河湖，水田成片，是名副其实的鱼米之乡，能够保证都市百姓生活所必需，正是都城发展绝佳的战略大后方。

在伍子胥的指挥和监督之下，“运润州（今江苏镇江）利湖土筑之，不足又取吴地黄渎土为大小二城”，崭新的都城拔地而起，高耸的城墙、坚固的防御工事，周边密布的水道以及充足的后勤保障，进可攻，退可守。新都城迅速崛起并成为吴国的政治中心，苏州城也开创了属于自己的新纪元，揭开了城市发展的序幕。

伍子胥营造的新都城名为“阖闾大城”，规模宏大，气势雄伟，一般认为就是今天苏州的前身，包括周长23.5千米的大城和周长5千米的内城姑苏。

营建都城的同时，伍子胥还主持开挖了历史上第一条人工运河——胥江，太湖水经胥江进姑苏城，加上后来“胥溪”“胥浦”的开掘和疏通，既减少了吴中地区的连年水患，又便利了当地的漕运和灌溉，不仅给当地人的民生谋取福利，也为苏州城此后的生存、发展奠定了坚实的基础。这些城市建设和水利建设等方面的卓越成就，也是苏州园林得以兴盛的重要原因。苏州百姓感念伍子胥的不朽功绩，将古城西南角的城门称为胥门，胥门外的河流称为胥江，胥江至太湖的入口处称为胥口，就这样将他的名字融入了城市的历史文脉之中。

其后，苏州地区的地名经过了吴县、吴郡、吴州等。隋开皇九年（589年）灭陈后废除了吴郡的建置，因为城西有姑苏山的缘故，改吴州为苏州，这是“苏州”得名之始。宋代已降，苏州又被称为平江府、苏州府，但城市的发展基本保持了原本的格局。现如今的苏州古城，虽然经历了上千年的风吹雨打，但在一定程度上依然很好地保留了当年伍子胥所主张“必立城郭”的古朴风貌。

阊门

PART 02
姑苏自古多俊杰

历代封建王朝都重视郡守的人选，常常遴选清德贤能的良牧能吏，来治理那些相对重要的地区，这些郡守往往是朝廷充分信任，可以委以重任的贤德之人。苏州地沃物阜民丰，文化积淀深厚，从唐代开始就是非常重要的国之州郡，因此，吴郡自古多名人，且多为文坛风流人物。中唐时代，就有3位著名诗人先后出任苏州刺史，分别是韦应物、白居易、刘禹锡，苏州人将他们合称为“三杰”，留下了“相继吟诗有三人”的佳话，并专门为他们建立了“三贤堂”“五贤堂”“五百名贤祠”和城隍庙等来供奉，也由此流传下来文人能吏与苏州的不朽传奇故事……

韦应物，择一城终老

唐代的山水田园派诗人韦应物，也名“韦苏州”。尽管他并不是土生土长的苏州人，但他自己的诗集却名为《韦苏州集》，可见苏州对于他的重要性。可以说，苏州既是韦应物人生历程最重要的一站，也是他取得文学成就的重要之地，更是他为官造福百姓的重要之所。

韦应物（生卒年不详），京兆杜陵人，唐朝诗人、官员。韦家原是关中名门望族，曾祖父韦待价在武则天时期出任过文昌右相，可谓是位高权重，到父辈的时候家道逐渐式微。韦应物15岁时，得补三卫郎，成为唐玄宗的御前侍卫（右千牛备身），常扈从皇帝游幸、宴乐，后来进入太学读书。这时候的他颇有点纨绔子弟的做派。

安史之乱中，唐玄宗仓皇逃到四川成都，韦应物一直追随。回到长安后，唐玄宗被迫让位，大唐由盛转衰，开始走向下坡路。但当时的吴郡时局较为安稳，沃土千里，粮食充沛，成了众多名门望族的首选避难之地。据《吴郡志》记载，这段时间苏州吸纳了数以万计的难民，外来人口占三分之一，成为当时一个典型的“移民城市”。

失去了皇帝的依靠，韦应物流落秦中。这种变故刺痛了韦应物。他发

苏州城隍庙韦应物画像

奋读书，从一个富贵无赖子弟慢慢转变为忠厚仁爱的儒者。

来苏州任职之前，韦应物已做了近25年的官，从763年任职洛阳丞开始，到后来的京兆府功曹、鄠县县令、尚书比部员外郎、滁州刺史和江州刺史，大部分时间都在做地方官。唐德宗贞元四年（788年）七月，韦应物由左司郎中改任苏州刺史。贞元六年（790年）秋，韦应物罢官后闲居于苏州永定寺，不久在苏州去世，可谓是择一城而终老。

韦应物在苏州待了整整3年，在这3年的苏州刺史任期内，他勤于政事，关心民瘼，心怀“柔远及斯人，欲使斯民康”的抱负，理郡无异政，守身廉洁，百姓赖此得以安宁。“大藩本多事，日与文章疏。”因勤于执政理事，连自己爱好的诗歌创作也暂时放下了。公务之暇，韦应物也曾与诸文士交游，宴集名士好友，诗酒唱和，一时名动苏州。韦应物写了很多吟咏苏州的诗。“韦苏州”这个称号，不仅仅是人们对他诗文的认可，更是对他在此地所取得政绩的称赞。

韦应物到任苏州刺史后，身体状况并不是很好，可是依然恪尽职守，兢兢业业。“秋城海雾重，职事凌晨出”“披衣出茅屋，盥漱临清渠”都是他辛勤工作的真实写照。他写了《横塘行》《东郊》《登重玄寺阁》等许多山水田园诗，字里行间表达的是对这座城市的热爱。

在阳澄湖畔，他曾登上重元寺楼阁远眺，“始见吴都大，十里郁苍苍”。在灵岩山上，韦应物曾信步拾级步入灵岩山寺，看滚滚长江东流，“方悟关塞眇，重轸故园愁”。

令人意外的是，上任苏州3年后，韦应物却消失在正史的记述中。他虽留诗五百，牧守一方，但在新旧唐书中竟连他的列传都没有。刺史任期届满，韦应物凑不齐返京回故土的路费，只得寄居在苏州城郊的永定寺中，租了两顷薄田与子弟一同耕种。他在《寓居永定精舍》中记述了自己

ㄨ 阳澄湖重元寺

在苏州租田躬耕、教书维生的最后时光："政拙忻罢守，闲居初理生。家贫何由往，梦想在京城"。最终，韦应物因病痛客死异乡，直到几年后，才被迁葬回京兆家族墓地。

白居易，忆在苏州日

白居易（772—846年），字乐天，号香山居士，是唐代伟大的文学家和诗人。白居易宦海一生，游历各地，苏州给他留下了美好的印象，这或许因他从年少时就与苏州结缘，后来又在苏州做官的缘故。

唐德宗建中元年（780年），白居易的父亲白季庚自宋州司户参军授徐州彭城县令。第二年，白居易和母亲也来到这里，其时正值徐州一带战乱频繁，社会很不安定。白季庚遂让夫人带着孩子到苏州投靠亲戚，以避战乱。白居易在苏州除了喝酒、赋诗，就是游山玩水，日子过得逍遥自在，豪放而惬意。

唐敬宗宝历元年（825年），白居易已为官多年，在经历了仕途打击后调任苏州刺史，在五月初五端午节这一天到了苏州。可惜白居易在苏州刺史任上复发咳嗽，骑马摔伤了脚和腰，然后又眼病发作，于是在宝历二年（826年）任期未满就返回东都洛阳。虽然时间不长，但是白居易在苏州的政绩使得老百姓十分爱戴他，以至于他去官后离开苏州北上时，苏州的老百姓纷纷悲啼，有诗云："苏州十万户，尽作婴儿啼"。

苏州的经历也给白居易留下了深刻印象，难怪他远离了苏州，还要作

白居易画像

诗忆念，最能体现这份深情的就是他写给刘禹锡的《和梦得夏至忆苏州呈卢宾客》：

忆在苏州日，常谙夏至筵。粽香筒竹嫩，炙脆子鹅鲜。
水国多台榭，吴风尚管弦。每家皆有酒，无处不过船。
交印君相次，褰帷我在前。此乡俱老矣，东望共依然。
洛下麦秋月，江南梅雨天。齐云楼上事，已上十三年。

白居易与刘禹锡关系很好，他们还有一个共同的朋友卢周仁。三人都曾在苏州出任过刺史。在这一年夏至的时候，他们遇“节”生情，坐在一起共同回忆在苏州过夏至节时的情景，回忆苏州“齐云楼上事”。

彼时白居易虽身在东都洛阳，却思念着在苏州的美好日子。苏州的香粽、苏州的鲜鹅、苏州的台榭、苏州的管弦、苏州的酒、苏州的船，甚至是令人烦恼的苏州梅雨天，在他的记忆里也都变得可爱起来。

至今在虎丘还建有白居易祠，祠前题有一副对联：

唐代论诗人，李杜以还，唯有几篇新乐府。
苏州怀刺史，湖山之曲，尚留三亩旧祠堂。

白居易虽然在苏州并没有建造属于自己的园林，但是现存的苏州园林中还隐藏着不少关于白居易的故事。如在拙政园的中园和西园分界的墙边有一座假山，山上有一座六角形的亭子，那就是“宜两亭”。相传，白居易与好朋友元宗简曾结邻而居，院落中有一株高大的柳树探出围墙，浓浓的绿色可为两家共赏。白居易曾经就此事写诗云：“明月好同三径夜，绿杨宜作两家春。”这座亭子的典故就是出自这首诗。苏州怡园里有一座碧梧楼凤馆，名字取自白居易“栖凤安于梧，潜鱼乐于藻”的诗句，意境可谓是精妙无比。此外，清末著名文学家、朴学大师俞樾的曲园中的认春轩也是因白居易的诗句“认得春风先到处”而得名。

作为郡守的白居易本是风雅之人，公务之闲也曾遍访苏州山水名胜，留下了很多的诗作，如《灵岩寺》：“馆娃宫畔千年寺，水阔云多客到稀。闻说春来更惆怅，百花深处一僧归。”灵岩山上有吴王井、浣花池、玩月池、西施洞、响屧廊、采香泾、宫墙、琴台等众多历史遗迹，白居易多次来到灵岩山游赏。他还常常夜游虎丘，留下了《夜游西武丘寺八韵》等诗作，夜晚的虎丘有月色，有树影，秉烛夜游，别有佳趣。

白居易在游览虎丘时发现，阊门城外陆路不畅、水路不通、河堤坍塌、河道淤塞、旱涝并存。每次去虎丘都要先坐船，再下船从田间纵横的田埂上步行上山，很不方便。白居易回衙后立即找来有关官吏商量，决定在虎丘山环山开河筑路，并开凿一条山塘河，使阊门与运河相接。于是在他的主持下，官府发动民工清淤排涝，畅通河道，这条水上通道从阊门直达虎丘山下，并利用河中挖出的泥土，顺势拓展河堤，垒石加固，沿河修筑造型优美的凉亭供人坐歇，在堤岸栽柳种竹，植桃李数千株，桃红柳绿，生机盎然，塘中养莲荷，花开时节芙蕖清雅芬芳，沁人心脾。山塘河东起阊门渡僧桥附近，西至虎丘望山桥，长约3600米，故俗称“七里山塘到虎丘”。

开凿的山塘河和随之而建成的山塘街，不仅解除了苏州人的洪涝之忧，而且大大便利了这一带的灌溉和交通。到了明清时期，七里山塘更是会馆林立，牌坊处处，歌楼隐隐，笙歌曼舞，一派繁华街市景象，这都得益于白居易在苏州的功绩。

苏州的老百姓非常感谢白居易，在他离任后将山塘街称之为“白公堤”。白居易《虎丘寺路·去年重》诗中写道：“自开山寺路，水陆往来

苏州灵岩山 灵岩寺

虎丘

山塘街

频。银勒牵骄马，花船载丽人。芰荷生欲遍，桃李种仍新。好住湖堤上，长留一道春。”

刘禹锡与苏州

刘禹锡（772—842年），字梦得，籍贯存在江苏徐州、河南洛阳、浙江嘉兴三种说法，自述“家本荥上，籍占洛阳”。刘禹锡天资聪颖，敏而好学，年少时就才学过人，名传一时。据《新唐书》记载：“世为儒，擢进士第，登博学宏词科，工文章”。刘禹锡学识渊博，诗文俱佳。唐德宗贞元九年（793年），21岁的刘禹锡进士及第，同年登博学鸿词科，后在淮南节度使杜佑的幕府中掌书记，为杜佑所器重，又跟随杜佑入朝担任监察御史。

刘禹锡不仅是中唐时期杰出的文学家、诗人，还是一位卓越的哲学家、政治家。刘禹锡主张革新，积极参与王叔文政治革新，可惜唐顺宗永贞元年（805年），“永贞革新”失败，刘禹锡被贬谪，先为连州刺史，后为朗州司马，这一年刘禹锡33岁。

三十多岁到五十多岁这段人生，本是可以大有作为的美好年华，刘禹锡却郁郁不得志，在仕途上遭遇了一贬再贬，迁于朗州、连州、夔州、和州等边远地区，用他自己的诗句来形容即“二十余年作逐臣”。

另据考证，刘禹锡出生在苏州，早年随父寓居嘉兴，并在那里度过了青少年时期。刘禹锡晚年自称“少为江南客”，可见其对江南的热爱之情。地处江南的苏州风物清嘉，地灵人杰，刘禹锡与苏州也非常有缘。

唐敬宗宝历二年（826年）冬，刘禹锡北归洛阳途中，在扬州与从苏州返回洛阳的白居易相逢。宴席上白居易写诗《醉赠刘二十八使君》，称赞了刘禹锡的才华，并对刘禹锡长期被贬表达深切同情。刘禹锡即兴写下《酬乐天扬州初逢席上见赠》作答，其中的名句“沉舟侧畔千帆过，病树前头万木春”将诗情、画意、哲理融于一诗，表达了自己对世事变迁和仕途沉浮的豁达胸怀，虽屡遭贬谪却仍然志节依旧，希望有朝一日继续为国效力。

刘禹锡画像

唐文宗大和六年（832年）二月，年已花甲的刘禹锡出任苏州刺史。这其实是刘禹锡重入朝堂后又一次被排挤。在此之前，名相裴度十分欣赏有才华、尚实干的刘禹锡，将他引荐进集贤殿书院后，想让他担任知制诰，然后再图进取。知制诰这一官职负责为皇帝起草诏令，因参与国家最高机密而被视为朝中的要职。但因刘禹锡写了讽刺诗《再游玄都观》，其中略带调侃的诗句“种桃道士归何处？前度刘郎今又来”，引起一些权臣的不满，竭力阻挠对刘禹锡的这一任命。于是，刘禹锡改任礼部郎中，仍兼集贤殿学士。再后来，为官正直的裴度遭到排挤，受裴度重用的刘禹锡也被挤出朝廷权力中心，出任苏州刺史。

中唐时期的苏州经济繁华，是闻名遐迩的江南温柔富贵之地。不过，刘禹锡来到苏州之时，正是苏州遭遇特大水灾之后。刘禹锡抵达苏州后，目睹了水灾所造成的严重后果，立刻着手筹谋救灾之策，果断采取一系列赈灾措施。

据《刘禹锡年谱》：“大和六年（832年）二月，至苏州，时苏州水患成灾，禹锡奏请救济”。他深入民间，寻访里闾，实地调查灾情，在《苏州上后谢宰相表》中写道：“伏以当州繇大浸之后，物力萧然。饥寒殒仆，相枕于野。”苏州水灾造成的危害，不仅使原本富庶之地“物力索空”，更为严重的是，民不聊生，哀鸿遍野，竟然发生了饿殍“相枕于野”的人间惨剧，这让刘禹锡深感痛惜。在充分了解灾情、体察民众疾苦的基础上，他主持制定了切实可行的救灾方案，调动本州一切可以调动的资源，给灾民必要的救济，解除他们的冻馁之苦。虽然地方长官能够动用的财力十分有限，但刘禹锡通过压缩行政支出，拿出一部分用于救灾以解燃眉之急。除此之外，刘禹锡还努力争取朝廷的救助。此前朝廷曾有“赐米”的敕文，但迟迟未见落实。刘禹锡想方设法多方斡旋，终于得到朝廷准许，从常平义仓中划拨出12万石大米，按户口数分发给饥民。每户居民能获得一石大米以上的补助。这对于濒临饿死边缘的灾民而言，无疑是雪中送炭。刘禹锡还向朝廷争取，减免当年苏州百姓的赋税，又出台了一些旨在激励百姓生产自救的政令。苏州灾情迅速得到控制，民心得以安定，生活和生产得以迅速恢复发展。

在长达一年多的救灾过程中，刘禹锡走入市井，探问农耕，“昼夜苦心，寝食忘味”。为表彰其抗灾赈灾的能力，年终政绩考核时，刘禹锡被列为“政最”，朝廷随即优诏嘉奖。《旧唐书》记载“就赐金紫”。“金紫”即指金印紫绶，借代高官显爵，这是朝廷对刘禹锡治理地方政绩的肯定，向天下昭示荣宠之意。白居易曾作《喜刘苏州恩赐金紫，遥想贺宴，以诗庆之》：“海内姑苏太守贤，恩加章绶岂徒然。”当年白居易出任苏州刺史时，刘禹锡也曾在《白舍人曹长寄新诗，有游宴之盛，因以戏酬》写道：“苏州刺史例能诗，西掖今来替左司。”“西掖”本指中书省，这里代指由中书舍人出任苏州刺史的白居易；“左司”指以左司郎中出任苏州刺史的韦应物。七年过去，当刘禹锡出任苏州刺史时，白居易在《送刘郎中赴任苏州》诗中紧承刘禹锡当年的诗意写下“何似姑苏诗太守，吟诗相继有三人”。唐朝中期这三位著名诗人韦应物、白居易、刘禹锡先后出任苏州刺史，成为苏州历史上的一段佳话。

汉语里有一个成语“司空见惯”，意思是看惯了就不觉得奇怪，这个成语出自刘禹锡的《赠李司空妓》：

鬖鬌梳头宫样妆，春风一曲杜韦娘。
司空见惯浑闲事，断尽江南刺史肠。

诗题中的李司空，指的是刚卸任和州刺史的李绅，他最为人熟知的诗是《悯农》。“谁知盘中餐，粒粒皆辛苦”的名句几乎妇孺皆知。大和七年（833年），刘禹锡时任苏州刺史，此时的李绅新任浙东观察使，虽然还没有真正达到司空（古时位列三公）的位置，但也是位高权重。李绅在途经苏州时慕刘禹锡之名，在其住处邀请刘禹锡赴宴，席间安排舞女和歌姬助兴。佳人蹁跹、歌声婉转、美酒香甜、酒入愁肠的刘刺史很快就有点醺醺然了。当时的苏州正逢水灾，百姓还处在水深火热之中，刘禹锡一方面请旨开仓赈饥，免赋减役，另一方面走入市井安抚百姓。看着已有几分醉意的李绅，对着花天酒地、歌舞升平的场景，刘禹锡非常痛心，提笔赋诗《赠李司空妓》。

刘禹锡在苏州做了3年刺史，忙于政务，很少出游，所以在苏州的记游诗并不多。大和八年（834年），当他将要离开苏州时，登上虎丘望海楼（也称望梅楼），忽发“却忆郡斋中，虚眠此时景”的感慨，自愧有负于苏州的美丽风景。他在离开苏州时深情地写下了几首记游诗，《别苏州二首》（其二）云：“流水阊门外，秋风吹柳条。从来送客处，今日自魂销”，意思是阊门外的河水不停地流，秋风吹动着柳条，这里以前是我送别客人的地方，今天自己也要离开这里，顿觉失魂落魄，诗里充满了离别情意。阊门是苏州城的西门，门前有环城的河水流过，河边折柳送别是当时的习俗，而阊门是苏州地区送别朝廷官员的地方，表达了诗人对苏州依依不舍的一往情深。刘禹锡原本被称为“诗豪”，诗风雄浑爽朗，但来到苏州后诗风有所变化，《别苏州》里就流露出脉脉温情和恋恋不舍，其中所蕴含的细腻感情与吴人诗歌很有相通之处。

刘禹锡在苏州刺史任上，为官清正、关心民情、抗灾赈灾、政绩卓著，得到了苏州人的尊敬与爱戴。苏州沧浪亭五百名贤祠对刘禹锡的赞语是：“政擢贤良，学通经史。颉韦颃白，卓哉刺史。”苏州人把他与同在苏州担任过刺史的韦应物、白居易合称为“三贤”，为他们建立了思贤堂，专门香火供奉。世称“刘白”的刘禹锡和白居易，在苏州留下了太多的传奇和风雅，让盛唐时期的传统文化浸入了苏州的骨髓，成为苏州传承不绝的文化传统。

明清文盛出状元

作为江南文脉之地，苏州有着优越的自然条件和六朝以来作为全国经济文化重镇的独特地位，也因此涌现出了灿若繁星的历史名人。唐代诗人韦应物赞称“吴地盛文史，群彦今汪洋”，尤其是明清以来更被赞为“苏郡为士之渊薮”。此外，古代不同历史时期涌现出的状元之多，所谓“文盛出状元”，素有“郡甲天下之郡，学甲天下之学，人才甲天下之人才”（明代徐有贞《苏郡儒学兴修记》）之誉。这些名人才士有的走上仕途，为国尽忠，心系百姓；有的隐于山林，秉持正气，清介自持；有的潜心学术，延续文脉，承继绝学；有的富甲一方，急公好义，为民造福……他们不但为苏州历史谱写了绚丽多彩的华章，也在全国产生了深远的影响，成为苏州人文的重要内容。

明代苏州、无锡地区的画家杜琼、刘珏、陈汝言、徐贲等人，大都擅长诗文，具有很高的文学修养，他们的艺术成就对吴门画派的产生和发展有着直接或间接影响。明宣德年间，苏州诞生了吴门画派的开宗大师沈周，后继者有文徵明、唐寅、仇英、张宏等人，他们在艺术上全面地继承了宋元以来的优秀书画传统，并形成各自的独特风格，绘画上更加注重笔

╳ 网师园里赏昆曲

墨表现，强调感情色彩和幽淡的意境，追求平淡自然、恬静平和的格调，尤其在山水画方面成就突出，这或许与此时期苏州园林的繁荣关系紧密。正是他们的丹青妙笔留下了苏州文人的山水生活理想，也留存下苏州园林的一角风情。

PART 03
诗意生活在苏州

已有2500多年历史的苏州，既有绝美的山川景色，又有厚重的历史文化。就连“苏州”这个名字，都透着浓浓的中式情调。苏州为中国开辟了一个独特的文化空间，使江南成为一个文化意象。这个文化空间中，园林、昆曲、书画、饮食、家具、刺绣……物质的、非物质的文化符号相互映衬，相互交融。

水乡泽都

苏州是一座充满诗意的城市，典雅娴静，柔情似水，居之不忧，游之难忘，离之而不舍。苏州的历史积淀、城市形态、古典园林、文学艺术都成为苏州文化的载体和表现形式。烟雨江南，吴侬软语，梦里水乡，这些文化符号和元素引人入胜，令人沉醉。赏园林、听昆曲、品美食……都是苏州人由内而外溢出来的对生活的热爱。

“君到姑苏见，人家尽枕河。故宫闲地少，水巷小桥多。”居住在苏州，没事的时候可以闲逛大大小小的古典园林，有亭台楼阁、山水古木，有琴棋书画、诗酒香茶；可以去书场听书，戏院赏戏，昆曲《牡丹亭》《长生殿》唱腔清丽悠扬，留韵绵长；可以到博物馆中体验画中江南，吴门画派清新淡雅的作品与苏州古典文化相得益彰。此外，苏州美食，更是让你的味蕾充分打开，见证苏式生活的真实味道。

这些文雅而平常的生活内容，非富非贵，也非遥不可及，但折射出苏州悠久历史的浸润与沉淀。漫步在历史街区七里山塘、平江路、观前街以及城内小巷深处，就能品味到原汁原味的苏州，精致、优雅、休闲而又不落俗套。

行走在青石路上，不经意间跨进弄堂小巷，看见墙皮斑驳的老屋，保留完整的石库门、马头墙、漏窗、云墙，以及苍劲的古木和美丽的花草时，真实的苏州古城可感可触。走在枫桥的青石路上或登上江枫大桥看过往的船只，听传承自唐朝的寒山寺钟声，仿佛可以听到当年张继的《枫桥夜泊》在耳边响起。

就这样，一幅亲切的江南水乡画面缓缓铺开，真的是一入苏州，平淡的生活仿佛一下子就精彩了起来。

山水形胜的苏州城

苏州“襟三江而带五湖”，整个城市紧傍着隋炀帝时开凿的大运河，古城的青砖城墙围合起方圆四五十里的水乡泽都，护城河在城下环绕，保护着这座城市和它的居民。古城内水网密布，河港纵横，三横四直（苏州古城主干水道的格局，“三横”指古城内自西向东的三条主干河道，称横河；“四直”指古城内由北向南的四条主干河道，称直河）的内河水系贯通全城，又岔出数不清的支流、湖沼、小池，难怪《马可·波罗游记》中将苏州赞誉为“东方威尼斯”。苏州城外最著名的湖泊是位于城市西隅的太湖和漕湖等。这些大面积的水域，碧波万顷，横无际涯。

就是这样一个名副其实的江南水乡，尽管众流交汇，众水潆洄，甚至在城市外围有几万顷太湖碧波的半拥半揽，但所有的江、河、湖、荡、沟、渠流经这座古老的水城时，都会变得从容蕴藉，优雅恬静，依着宁谧青石板街巷中的水道润物无声。

太湖是江南吴文化的“母亲湖”。据宋代《太平寰宇记》记载：“具区在苏州西六十里，纵广二百八十三里。”西枕太湖的苏州得天独厚，依水发展，因水成景，借水而活。太湖边有很多苏州地区的风景名胜，如木渎、石湖、光福、东山、西山、甪直、同里等景区。古代的人文活动也在这里留下了很多著名的遗迹和传说。据苏州地方志记载，吴王夫差曾携西施夜游太湖，还在苏州太湖之滨留下了一个美丽的地名“明月湾”。明代王鏊编纂的《姑苏志》中记载：“明月湾，在西洞庭山消夏湾之东，吴王玩月处。”

苏州的山不高但是山势或雄伟或秀丽，其中有苏州最高峰穹窿山，有号称“江南胜境”的天平山，以及古代吴国苑囿旧地所在的灵岩山，还有

俯瞰天平山

其他大大小小的山岳共计千余座，当然最为大家熟知的是虎丘山，其上的虎丘塔（苏州云岩寺塔）是古老苏州的象征。

虎丘，原名海涌山，据说原来是海湾中一座随着海潮时隐时现的小岛，历经沧海桑田的变迁，最终成了孤立在平地上的山丘，有“江左丘壑之表”的风范，耸岩绝壑，气象万千。虎丘有“三绝九宜十八景”之胜，还有“吴中第一名胜”的美誉，其中最为著名的是云岩寺塔、剑池和千人石等。

据《越绝书》记载，吴王阖闾葬于此，传说葬后三日有“白虎蹲其上”，故名为虎丘，也有人说“丘如蹲虎”，以形为名。史籍记载，吴王阖闾下葬时，以“扁诸、鱼肠等剑各三千殉焉”，秦始皇东巡时曾在此掘地寻找阖闾所葬之剑，后来三国时期的孙权也曾到此寻剑，由此留下景点——剑池。虎丘幽绝的自然风光和丰富的人文景观吸引着历代文人雅士在此驻

虎丘之冬

清·任熊《十万图册之万笏朝天》

足流连，宋代大文豪苏东坡曾经写下“尝言过姑苏不游虎丘，不谒闾丘，乃二欠事”的千古名言。

天平山位于苏州古城的西南，太湖之滨，山形神似古代大臣上朝用的笏板一样，“一峰复一峰，峰峰作笏立”，形成“万笏朝天”的奇特景观。唐代僧人永安曾在山的南麓修建白云庵，也称作天平寺。山的中部山腰处有钵盂泉，又名白云泉。泉水醇厚甘洌，相传茶圣陆羽品后，称之为“吴中第一水”。据说这一处泉水是唐代郡守兼诗人白居易所发现，并为之赋《白云泉》诗：“天平山上白云泉，云自无心水自闲。何必奔冲山下去，更添波浪向人间。”北宋时，天平山为名臣范仲淹家的赐山，其高祖、曾祖、祖、父四代的墓地皆在此处，所以这里又被称为“范坟山”。明万历年间，范仲淹十七世孙范允临辞福建参议，回归故里苏州，傍天平山祖墓营构山庄别业，名为“天平山庄”，也曾璀璨辉煌一时。明代的唐寅、清代的乾隆皇帝等人都曾在这里留下过诗词、游记。

苏州地区的佛道教文化亦底蕴深厚，寺观名刹遍布城乡。城中的报恩寺是苏州最古老的寺院，寺里的报恩寺塔又称为北寺塔，是拙政园借景的重要“道具”。而最为大众熟知的寺院，则是姑苏城外的寒山寺，始建于南朝萧梁年间，初名为妙利普明塔院，唐代名僧寒山、希迁住寺时期更名为寒山寺。“月落乌啼霜满天，江枫渔火对愁眠。姑苏城外寒山寺，夜半钟声到客船。”月夜，姑苏城外的枫桥边，月落乌啼，寒霜满天，唐代诗人张继在客船上写下了这首千古绝唱，令这座寺庙更加闻名遐迩。

自古以来，苏州钟灵毓秀的自然山水和典雅厚重的历史人文就受到众

明 · 沈周《苏州山水全图之山塘》

明·沈周《苏州山水全图之虎丘》

枫桥

多文人墨客的喜爱。整日面对着这样的湖山佳处，无怪乎生于斯长于斯的沈复在《浮生六记》中说“天之厚我可谓至矣”。

千年之后，漫步苏州古城的郊外，恍惚间，烟雾缭绕、梵音传遍的古刹里飘来诵经之声，佛寺内的钟轻轻一撞，触动的是心头神圣的信仰，响彻的是云霄间的不尽星河……

尚巧求精在苏州

苏式生活的一个关键词是“精巧”。从明朝建造紫禁城的苏州“香山帮”到今天亮相巴黎时装周的宋锦传人，从古典园林之巧到苏工之美、苏

桃花坞年画

※ 苏绣扇面

菜之精和苏绣之绝，无数惊艳时光的匠心之作，已让世人把“尚巧”“求精”作为辨识苏州的重要文化标签。

在苏州千年风雅之中，自然少不了手工艺，这些精巧的技艺不仅历史悠久，而且门类众多，都有“极端精细”的特点，不少手艺早已名满天下。苏州的木雕、核雕、玉雕等都成为传承许久的苏州手工艺精品。据文震亨《长物志》记载，明代时吴中地区（苏州）高手继出，刻必以白玉、琥珀、水晶、玛瑙等为佳器。久负盛名的苏州桃花坞年画源于宋代的雕版印刷工艺，由绣像图演变而来，到明清时期发展成为独具特色的民间艺术流派，流传至今，历久而不衰。如今的苏州，各种传统手工艺仍然是名家辈出，传承有序，“手工艺与民间艺术之都”这一联合国教科文组织授予的新名片，将古老的苏州推上了更新的高度。

技艺精湛的苏绣亦是以苏州为名的艺术形式。苏州历来就是鱼米之乡，蚕桑业非常发达。早在4700年前，太湖流域已有被誉为“世界上原始农业时期最伟大创造”的养蚕、取丝、织红等技艺，古代苏州人很早就掌握了养蚕纺丝的技术。苏州的丝绸产品和丝绸制作技艺一直绵延不绝。唐宋时期，苏州成为全国丝绸中心，宋代以后苏州刺绣之技十分兴盛，工艺也日臻成熟，苏州瑞光塔和虎丘塔都出土过五代和北宋时期的苏绣经袱，这是目前发现的最早的苏绣实物。从这些文物上看，在针法上古人已能运用平针、抢针、铺针和施针。明清时期，在苏州设织染局织造宫廷所需丝织品，皇家高级丝绸织品多出自苏州织工之手，明代苏州织染局属于皇家重要产业；清代是苏绣的全盛时期，当时苏绣位列四大名绣之一。如今苏绣已成为国家级非物质文化遗产，具有图案秀丽、构思巧妙、绣工细致、针法活泼、色彩清雅的独特风格。

苏州滋味

苏州美食亦是苏式生活的精髓，苏式生活的突出特色之一，精致考究，看似简单平常，却又意味深长。有人说，汤面能代表苏州的美食，苏州人每天的生活就是从一碗面开始的，这话说出了苏州人美食生活的根本。清晨来上一碗热腾腾的汤面，喝一杯白茶，聊几句家常，苏式生活的精髓就在每一处细节中。

古代苏州的美食也为古时的文人所赞誉。晋代文学家张翰本是苏州人，常年在外做官，因见秋风起，思念吴中菰菜、莼羹、鲈鱼脍，于是

山楂樱桃肉

苏州美食奥灶面

以莼鲈之思为由，辞官退居故里。在这里，家乡苏州的美食成为堂而皇之的借口，也成为一种政治隐喻。古典名著《红楼梦》中对苏州美食的描述，更是让人难忘，如酒酿清蒸鸭子、胭脂鹅，据说都是苏州美食。

苏州人的饮食讲究“不时不食，不精不食，不近不食、不亲不食”，滋味人生之于苏州人不可或缺，不用说太湖的水产，姑苏城内的风味小吃，即使是一只大闸蟹都可以吃出多味。哪怕市井人家吃一块肉，也因时节不同而吃法各异，体现了苏州人的生活智慧：谷雨时节的春笋非常鲜嫩，要用过冬的咸肉来煲汤，叫腌笃鲜；春末刚上市的樱桃酸甜可口，这时候要吃樱桃肉，将樱桃的甜香焖进肉中，闻之就让人食指大动；夏季荷风阵阵可消暑，在苏州必定要吃荷叶粉蒸肉，荷叶的清爽飘香，是属于夏天的味道；秋天出产梅干菜，菜品自然是选择梅干菜扣肉；秋季的苏州满城桂花

腌笃鲜

飘香，荷塘小炒也是可以选择的美食；冬天是适合食补的季节，蜜汁火方外甜里咸，加火腿入味，可谓是讲究至极。苏州人在四季不同的旖旎风光中，品的是四季宴，饮食常与花连在一起，春宴对应的是桃花，夏宴对应的是荷花，秋宴对应的是桂花，冬宴对应的是梅花，于是，普普通通的饮食一下子便诗意了起来。

如今，苏州老街的美食与餐馆都与苏州古老的饮食文化密切相关。沿着老街从头到尾的街边美食，其中就包括赫赫有名的苏式糕团，苏州的米线等特色美食。还有沿街叫卖的桂花糕、酒酿圆子、鲜肉月饼、海棠糕、竹筒糍粑、大碗茶，当然还有地道的苏州本邦菜，松鼠鳜鱼、蟹黄豆腐、糖醋排骨、糖醋鱼、酱蹄髈等，光是看到菜名就让人垂涎欲滴。

阳澄湖大闸蟹

作为吴文化的重要发祥地，苏州丰厚的文化遗产不仅体现在古城名镇、园林胜迹、街坊民居等为代表的环境，在丝绸、刺绣、手工艺珍品等非物质文化也是丰富多彩，更有昆曲、苏剧、评弹、吴门画派等门类齐全的艺术形态。

评弹、昆曲、苏剧被誉为苏州文化的“三朵花”，亭台楼榭之间，吴侬软语，柔曼悠远。有400多年历史的昆曲，被誉为中国的“百戏之祖”，其发展可以说与苏州园林相谐相生，珠联璧合。评弹是用苏州方言表演的说唱艺术，在江、浙、沪地区已流传了300余年。走在江南的幽静小巷，耳畔是小桥流水的潺潺声，悠扬的曲调时远时近，眼前似乎演绎着山水间缠绵悱恻的才子佳人的故事。

PART 04
苏州，园林之城

苏州素有“园林之城”的美誉，其古典园林数量之多，造诣之精，意境之美，足可以称之为中国古典园林的典范，其园林发展史亦可谓是源流长远，最早可追溯到西周时期。

春秋时期吴王阖闾和夫差利用苏州的自然山水条件营造姑苏台，其中有著名的馆娃宫，与洞庭西山消夏湾的吴王避暑宫、太湖北岸的长洲苑共同组成庞大的环状宫苑建筑群。建筑群规模宏大、气势宏伟。吴王夫差修建馆娃宫时，所需的木材都是越王勾践所献，由水路源源不断地运到山下，堆积了数年，以至于木塞于渎，由此留下了今天苏州“木渎古镇”的美名。自此历代兴造园林兴盛不衰。

经千年岁月的不断积淀，苏州地区的林泉池馆之胜，终甲于天下，成为江南园林乃至中国园林的繁盛之地。明清园林艺术发展的全盛时期，苏州有200多处园林遍布古城内外，以其精湛的技艺和文化品格成为江南园林的主流，也代表了江南园林的地域风格。

最早见于记载的苏州文人园林是东晋时期顾辟彊的私家园林。顾氏祖先原居于越地，后迁到吴国境内，在两汉时期逐渐成为当地望族。顾辟彊家有名园，以竹树怪石闻名于当时，有“池馆林泉之胜，号吴中第一”的

苏州园林博物馆

赞誉，堪称这一时期造园实践中最为成功的实例。

南朝宋刘义庆《世说新语·简傲》中记载了这样一个故事，东晋书画家王献之（字子敬，“书圣”王羲之第七子）前往会稽，途经吴地的时候，慕名来到这座园林中参观。他与园主人顾辟疆并不相识，去的时候正赶上顾辟疆与朋友酣宴。王献之是一个生性比较洒脱的人，旁若无人地径自入园游赏，指麾好恶。顾辟疆非常生气，说：“傲主人，非礼也。以贵骄人，非道也。失此二者，不足齿之伧耳。”于是就驱其左右出门。以王献之当时的名望，也慕名前来参观，可见顾氏园林的精美。唐代诗人李白有诗称赞龚处士家园时有“竹暗辟疆园”之句，借“辟疆园”来比拟美园佳胜。

今天，苏州地区可考的园林有1000多处，至今保存完好的尚存60多处，闻名遐迩的有沧浪亭、狮子林、拙政园、留园、网师园、艺圃、怡园等，这些精美的园林给世人留下了世界文化遗产的重要篇章。

第二章

居然城市有山林

“华夏民族之文化，历数千载之演进，而造极于赵宋之世。”由于政治环境的相对宽松，宋代的文人雅士可以率意地舒展情怀，一些在朝堂中被贬谪的迁客骚人，没有选择归隐山林，而是居家静修来培养文学修养和抒发情怀。于是，园林成为他们实现“中隐”生活的心灵依托和栖居场所。这种思想和情绪也影响到元明清时期苏州园林的兴建，留下了很多关于名人和园林的故事。

苏州园林　写在城市山水间的诗

PART 01

苏舜钦与沧浪古亭

四大历史名园之一的沧浪亭，始建于宋代，是苏州现存最古老的园林。这里是苏舜钦（1008—1048年）贬官归隐之后寄情山水的隐居之所，也是南宋名将韩世忠归隐的韩园，更是《浮生六记》中沈复和芸娘的相守之地。

沧浪亭

沧浪亭《浮生六记》演出

《浮生六记》中写道："沧浪亭上下，皆治井栏楯，以防往来游客。与河之间，是石桥一座，名曰玉阶桥，桥下流水，潺潺作响，几曲迂回，有如湖山之水。"沧浪亭中处处有水相伴，草木逶迤。粉墙掩映在树影中，小径沿着粉墙蜿蜒曲折。碑刻、漏窗、假山并称沧浪亭"三胜"。如今，来到沧浪亭，不仅能欣赏小巧精致的园林景致，还能品味园林版《浮生六记》，体验一场全景沉浸式展现苏式生活的戏曲演出，在"昆曲+园林""文学+美景"中度过最美苏州夜。

五代十国的吴越国时期，苏州是江南非常重要的城市，经济发达，文化昌盛。苏州刺史钱元璙（吴越国王钱镠之子，封广陵郡王）在这里经营30余年，他"颇以园池草木为意，建南园、东圃及诸别第"，对苏州园林的建设作出了重要贡献。钱元璙的近戚中，吴军节度使孙承祐亦治园于其偏。苏舜钦营建沧浪亭前买下的废园址据说就是孙承祐的废旧池馆。

作为沧浪亭的第一代园主人，苏舜钦出生在文人受到重视、地位很高的宋代，出身世宦之家的他年纪轻轻就考中进士，在朝廷任大理评事、集贤殿校理、监进奏院等职，可谓少年得志，年轻有为，春风得意。

北宋庆历四年（1044年）九月，宋朝的秋季赛神会。按惯例，京师各衙门都会在这一天准备酒馔。监进奏院的苏舜钦按照前例以卖旧公文纸（所拆奏封的废纸）的钱宴请同僚宾客。当时朝中的保守派，御史中丞王拱辰等人，对宰相（同中书门下平章事）杜衍、参知政事范仲淹、枢密副使富弼等人实施的庆历新政心怀不满，而苏舜钦既得范仲淹荐举，又是杜衍的女婿，保守派于是抓住在任官员聚餐涉及公家物品这件事，借题发挥，弹劾他监主自盗，结果苏舜钦被罢去官职，削籍为民，参加聚会的有十余人亦被逐出朝堂。区区一件小事，竟得如此严惩，苏舜钦自是激愤不已，却又无可奈何，于是离开东京汴梁后闲居苏州。

一日，苏舜钦外出，行至苏州城南郊外时，发现一处草木葱郁的废弃园地，周围有山有水，旁无民居，完全掩映在一片葱翠竹林之中，景色非常之好。经向附近的老人们多方打听，这个地方原是吴越国钱元璙之妻弟孙承祐的一处园林，虽已荒芜，但仍保留了当时的风貌。园子的景致不禁让苏舜钦想起了《楚辞·渔父》中“沧浪之水清兮，可以濯吾缨。沧浪之水浊兮，可以濯吾足”的句子，这里清澈的葑溪之水，不正是可以洗尽自己在浑浊尘世中枉求虚名与浮华的沧浪之水吗？他在此地徘徊了许久，终于下定决心，买下了这块废弃的园子，在北面弯曲的水岸边建了一座亭子，取名“沧浪”，自号曰“沧浪翁”，并作《沧浪亭记》以纪念。沧浪亭建成后，苏舜钦常与欧阳修、梅圣俞等好友诗词唱酬，于此地度过归隐山林、逍遥自在的余生。

关于“沧浪”的典故，最早与春秋战国时期的楚人屈原有关。据传，

沧浪亭一隅

楚国的三闾大夫屈原被流放后，行吟于江畔，颜色憔悴，形容枯槁，渔父见状问他缘何落到了这般田地？屈原就向他讲述了自己不容于世的愤懑，以及要坚守清白操守的志向。渔父听完屈原的陈述后莞尔而笑，摇摆着船桨渐行渐远，唱起了“沧浪之水清兮，可以濯吾缨；沧浪之水浊兮，可以濯吾足”的歌，大意是说沧浪之水清澈，就用它洗洗我的帽带；沧浪之水浑浊，就用它洗洗我的脚。“沧浪”的典故表达了追求超凡脱俗、清高自守的心境。而渔父这一形象和沧浪之水的母题，在后世的文学作品中也经常出现，成为隐逸和智慧的象征，有一种超脱旷达的别样境界。古典园林中亦有很多与“沧浪”主题有关的景点。苏州除了沧浪亭之外，拙政园和怡园都有小沧浪，济南大明湖、潍坊十笏园亦有小沧浪，承德避暑山庄中还有沧浪屿，为著名的乾隆三十六景之一。

沧浪亭 复廊

水调歌头·沧浪亭（苏舜钦）

潇洒太湖岸，淡伫洞庭山。鱼龙隐处，烟雾深锁渺弥间。方念陶朱张翰，忽有扁舟急桨，撇浪载鲈还。落日暴风雨，归路绕汀湾。

丈夫志，当景盛，耻疏闲。壮年何事憔悴？华发改朱颜。拟借寒潭垂钓，又恐鸥鸟相猜，不肯傍青纶。刺棹穿芦荻，无语看波澜。

沧浪亭建成以后，苏舜钦常年闲居于此，在湖山之间潇洒度日，看似安于享受隐逸之乐，实则出于无奈，一首《水调歌头·沧浪亭》写尽了自己被贬谪后壮志难酬的彷徨与忧心。苏舜钦在沧浪亭隐居不仕数年，终于在北宋庆历八年（1048年）得到朝廷的重新起用，被任命为湖州长史，可他还没来得及赴任即病逝，卒时年仅41岁，留下了千古一

沧浪亭水景

叹，千年之憾。如今，斯人虽逝，但风物犹存，正是“沧浪翁”成就了苏州沧浪亭的不朽盛名。

沧浪亭的园林艺术特征，主要体现在其独特的园林布局，自然幽曲的山形水系，花木掩映中的疏朗建筑，以及由此产生的诗情画意。现代园林学家陈从周先生曾经说过：“那些封闭在高墙之内的园林，如果把园墙拆去，则面貌顿异，一无足取了。”“巧于因借”的沧浪亭却避免了这种尴尬，它的北面并没有设立围墙，而是傍河造园，园旁这条名叫葑溪的河就成了沧浪亭的自然园界。葑溪自西向东，环园南去，在园林入口处架一座石桥。如此一来，未入园而见一池绿水绕于园外，隔水望园便可见廊阁隐

约，古木参天，游者已为之神往，可谓是园得水而活。

沧浪亭的西南方是太湖边的群山，放眼望去只见一片青翠。伫立园中，远观园外之景，上方山的美景尽收眼底，美不胜收，俨然便是一幅逶迤连绵的群山图。这种“近借水”与“远借山”的造园手法可以说是中国传统造园技艺中“巧于因借”的典范，自得园林借景之趣，也正如沧浪亭石亭柱上的下联“近水远山皆有情”所表达的意境一样，非常耐人寻味。

说到沧浪亭中那副有名的对联“清风明月本无价，近水远山皆有情”，还得从苏舜钦建造沧浪亭说起。沧浪亭建好后，苏舜钦经常邀请好友一同在园中游赏雅集，他们创作了很多和沧浪亭有关的诗篇，共享着隐逸生活和诗意栖居，于是便有了欧阳修的《沧浪亭》，其中有“清风明月本无价，可惜只卖四万钱”，而“近水远山皆有情”出自苏舜钦《过苏州》一诗。后来清代的梁章钜将“清风明月本无价”与“近水远山皆有情”组合成对联，刻在了沧浪亭的亭柱上。

苏舜钦把沧浪亭建在水边的石岸之上，虽欲隐而实不可得，又有历史上众多名人加持，沧浪亭作为名人名园而名声大振。历代名士方家纷至沓来，文人墨客竞相吟咏。明代文徵明作《沧浪池上》云：“杨柳阴阴十亩塘，昔人从此咏沧浪。春风依旧吹芳杜，陈迹无多半夕阳。积雨经时荒渚断，跳鱼一聚晚波凉。渺然诗思江湖近，便欲相携上野航。”

后来的沧浪亭几易其主，遭毁灭后又重建，今天的园林格局已与苏舜钦时期的沧浪亭大不相同。清康熙三十五年（1696年），时任江苏巡抚的商丘人宋荦重修沧浪亭，将亭从岸边迁到了山顶，还修建了轩、廊等建筑，奠定了今日沧浪亭园林的布局基础，并借用外景，通过复廊将墙外的水和墙内的山串联起来。人站在高处的亭中，居高临下，环顾四周皆为美景。宋荦还写了一篇《重修沧浪亭记》，以记录其修复园林的过程，并仿照欧阳

⨯ 沧浪亭 五百名贤祠

修《沧浪亭》写了一首《沧浪亭用欧阳公韵》，歌颂前贤，一时传为佳话。

清乾隆年间，《浮生六记》的作者沈复曾居于苏州沧浪亭畔。在《浮生六记》里的记述中，沈复与夫人陈芸在沧浪亭纳凉一个多月，先是过着悠闲宜人、富有情致的神仙生活，接着却是意外受惊得病。直到中秋日，夫妻俩在众人陪同下再次来到沧浪亭，才解开了这个恐怖的心结。这些名人吟咏和轶事，更为沧浪亭增添了熠熠光彩。

千年之前，屈子失意，心怀沧浪之情，但是书生意气的他转身便走了，在汨罗江的滔滔江水中奏响了大诗人最后的悲歌。千年之后，同样失意惆怅的苏子美，看淡了人生的起起落落、浮浮沉沉，在低吟长叹中觅得静谧之处，建一所心仪的园子，过上了真正属于自己的诗意生活。他找到了苏州，苏州便拥有了流传千古的沧浪亭。

漫步在沧浪亭中，眼中优雅的景致和心中逐渐升华的意蕴，让人依然能够感受到千年往事，情怀依旧。如何在失意的生活中寻找诗意和远方，师法自然的园林给出了永恒的答案，那就是积极达观的态度，不负心灵的豁然，以及寄予诗意的栖居理想。在这样的传统文化浸润下，修建一座安身栖居的园林，不啻构筑了一座诗意的精神乐园。这世间的诗意乐园又岂止只是一座沧浪亭？！

PART 02
范成大与石湖别墅

在浩瀚的太湖之滨，上方山的东麓，有一处名为“石湖”的支流水面（原为太湖内湾）。春秋时期，越人在此凿石开渠，以通苏州，故名石湖。石湖原为吴国的游猎之地，也是吴越争霸的古战场。这一地区有山有水，景色宜人，可以说自古就是追求隐逸和闲适生活者的首选之地。“吴郡山水近治可游者，惟石湖为最。”南宋时范成大相中了这里的山水环境，在此建

石湖风光

石湖别墅、设庄园，招待宾朋，诗词唱和。1932—1934年，近代书法家余觉（1868—1951年）在这里建了一栋砖木混合结构的庭院建筑，现已成为石湖风景区景点。

范成大（1126—1193年），南宋名臣、文学家，生于平江府吴县（今江苏省苏州市），担任过秘书省正字、处州（今浙江丽水）知州、建康（今南京）知府、礼部员外郎，官至参知政事（副宰相）。他在任上体恤民情、善于治政，而且在出使金国时不畏强权递交国书，差点被金国太子杀害，最终不辱使命而归，这段传奇经历为人们所称道。范成大还是南宋“中兴四大诗人”之一，所作《四时田园杂兴》等诗词风格平易浅显、清新妩媚，就是他隐居石湖后陆续创作的。

范成大还是一位旅行家和地理学家，著有《桂海虞衡志》《吴船录》等描写地理风光、风土人情的作品，留下《吴郡志》等全面记录苏州自然、

范成大画像

社会、政治、经济、文化等情况的方志传世。就是这样一个历史名人，经历多年的宦海沉浮之后，晚年归隐于风景清丽的石湖别墅之中，过着潇洒飘逸的生活。

关于石湖的别样风光，在范成大的《御书石湖二大字跋》中写道“石湖者，具区东汇，自为一壑，号称佳山水……”他的好朋友杨万里也曾说过“公之别墅曰石湖，山水之胜，东南绝境也”。

南宋绍兴十四年（1144年），19岁的范成大遭遇家庭变故，寄居于昆山荐严寺，潜心苦读十年不出，取唐人“只在此山中”之句，自号“此山居士”。南宋绍兴二十四年（1154年），范成大考中进士，开始步入仕途。他虽然长年在外为官，但始终有个石湖情结，存了未来要归隐于此的念头。南宋乾道三年（1167年），他开始在石湖边建造农圃堂。好友周必大在《吴

农圃堂

石湖渔庄，范成大石湖别墅旧址所在地

中诸山记》中说："别筑农圃堂，对楞伽山，临石湖。"范成大所作《上梁文》中亦有"吴波万顷，偶维风雨之舟；越戍千年，因筑湖山之观"的记载，描述了石湖地区曾为吴越古战场的历史和美丽的湖光山色。之后，范成大又陆续在湖边建造了梦渔轩，在行春桥南建造了盟鸥亭，在石湖之南建造了绮川亭，在上方山麓还建造了玉雪坡、锦绣坡、此山堂、千岩观、说虎轩等景点，其余堂构则散布于其间。这里的整个区域被称为"石湖别墅"，后人将其总称为"石湖旧隐"。

当时的石湖别墅规模宏大，景色秀丽。南宋乾道八年（1172年），周必达、周必大兄弟来访，与范成大欢饮竟夜，题壁书赞道："……登临之，胜甲于东南……"周必大把范成大宅居所在地称为"紫薇村"。后人对这一带景观也不吝赞美之词，多有丹青描绘石湖景致，明代吴门画派陈淳曾专门绘《紫薇村图》传世。

× 苏州石湖行春桥

南宋淳熙五年（1178年），范成大从参知政事职位上“退居二线”，之后对“石湖旧隐”进行了精心营建，不断提升园中之景观内容。范成大经常在石湖别墅招待文人墨客，邀杨万里、姜夔、周必大等好友前来游园赏景。南宋绍熙二年（1191年）冬天，姜夔应邀住在石湖别墅，其时园中梅花盛开，暗香盈袖，姜夔为此作《暗香》《疏影》两首词，令范成大欢喜不已。

范成大喜爱植梅种菊，著有《范村梅谱》(《石湖梅谱》)、《范村菊谱》各一卷。在《石湖梅谱自序》中，范成大说自己在石湖玉雪坡拥有梅树数百株，又买下屋子南面王氏的70间房屋，全部拆除，取名“范村”，里面三分之一的土地用来栽种梅花。他搜罗了苏州地区所有的梅花品种，栽植在这里。

南宋淳熙八年（1181年），经常听范成大提起石湖的孝宗皇帝御书“石湖”二字赐给范成大，以示荣宠，范成大自此改号“石湖居士”。南宋淳熙十三年（1186年），时为太子的赵惇题赐“寿栎堂”送给范成大以示优渥，范成大后来将这两幅御笔分别勒书、制匾，并建造“重奎堂”来纪念这场君与臣的恩典。

范成大石湖别墅的建造开创了苏州文人士大夫在石湖之滨构筑别业的先河。范成大终身情系石湖，石湖也因范成大而愈加名扬天下。南宋淳熙十四年（1187年），吴县知县赵彦真重修石湖行春桥。范成大亲自撰文，评价道“凡游吴中而不至石湖，不登行春，则与未始游无异”，这与苏东坡“到苏州不游虎丘，乃憾事也”之句如出一辙，真有异曲同工之妙。

范成大回归石湖别墅的诗意栖居生活，是亲近自然、放松身心的慢生活。从留存的文字看，千年前的范成大，已经领悟到了在这方水土构建诗意栖居的美妙。

石湖天镜阁

PART 03
狮子林的陈年往事

狮子林，苏州四大名园之一，初创于元代末年，至今已有650多年历史，历经兴废，屡易园主。相比苏州其他园林，狮子林的名字算是相当独特了，而且它还有很多特别之处，比如园内数量众多、形态各异的湖石假山，比如它由寺庙园林到私家园林的历史，比如乾隆皇帝曾6次游览狮子林，留下了大量题字和“御制诗”，回京后在颐和园及承德避暑山庄各建了一座狮子林，比如建筑大师贝聿铭曾在此居住……元末明初著名书画家倪

狮子林

瓒曾为园中美景所陶醉，作《狮子林图》一卷，引发后世无限遐思。

元至正元年（1341年），高僧天如禅师惟则来到苏州讲经，受到弟子们的尊敬和拥戴。第二年弟子们“相率出资，买地结屋，以居其师”，选宋代枢密章楶之子章綡宅旧址置地建屋，为天如禅师修筑居住和修行场所。这个地方“林木翳密，盛夏如秋，虽处繁会，不异林壑”，“古树丛篁如山中，幽辟可爱”，是清修的理想场所。寺院建成后最初命名为“狮林寺”，后改名为“菩提正宗寺”“圣恩寺”，实际上包括寺园一体的两个部分，园为狮子林，寺为菩提正宗寺。因园内“林有竹万，竹下多怪石，状如狻猊（狮子）者”，又因天如禅师得法于浙江天目山狮子岩普应国师中峰（明本禅师），为纪念这种佛徒衣钵、师承关系，故又名“师子林”（狮子林），亦因佛书上有“狮子吼”一语（“狮子吼”是佛讲法之譬喻，形容佛或菩萨讲法如狮子威服众兽一般，能调伏众生），或因园内堆叠的假山多酷似狮形而命名，兼取佛经中狮子座之意，但这些或许并不是禅师的本意。

建园之初，狮子林内房屋并不多，而以土丘竹林和石峰林立为主要特色。“林中坡陀而高，石峰离立，峰之奇怪，而居中最高，状类狮子，其布列于两旁者”，有含晖、吐月、立玉、昂霄等诸峰，最高者为狮子峰，结茅作方丈室称禅窝，立雪堂为传法之堂，卧云室为燕居之室，还有指柏轩、问梅阁、冰壶井、玉鉴池及有栖凤亭等。天如禅师惟则有《狮子林即景十四首》描述园景。天如禅师圆寂以后，弟子散去，寺园逐渐荒芜。到了明洪武初年，狮子林“归并承天能仁寺”管辖，时为第三任住持的如海上人（生卒年不详）。他在狮子林原有八景的基础上又总结了所谓的十二景，即狮子峰、含晖峰、吐月峰、小飞虹、禅窝、竹谷（旧名栖凤亭）、立雪堂、卧云室、指柏轩、问梅阁、玉鉴池、冰壶进，于是遍请吴下诗人进行题咏，乃有《狮子林十二咏》之辑，作者有高启、张适、王行、谢徽、申

✕ 卧云室，僧人休居的禅房

屠衡、张简、陶琛、释道衍等。

明洪武五年（1372年）七月，诗人高启作《狮子林十二咏序》，其中记载了当时的情况。苏州寺庙兴盛时，有数十百处，其中很多寺庙壮观宏丽，狮子林不可与其相比，但其他的寺院皆因兵灾战火荒废凋敝，“而狮子林泉益清，竹益茂，屋宇益完，人之来游而纪咏者益众”。

明洪武六年（1373年），著名书画家倪瓒（号云林）途经苏州，应住持如海上人之邀，绘制《狮子林图》，并题诗作画，从此狮子林更加名声大振。明洪武七年（1374年），如海上人又邀请画家徐贲绘制《狮林十二景》，朱德润为之作《狮子林图序》，此处一时成为吴门文人聚会的场所，众多官员、文人来此参禅和雅集，所作诗文列入后编的《狮子林纪胜集》，多有描述园林胜景之作。

狮子林

如海上人身后，寺园荒废，屋败垣颓，嘉靖年间更被豪家占为私家园林，景象非常之荒凉，“萎废狼藉所存者颓垣败屋，朽木枯池而已”，“狮林之额几不可识”。明万历十七年（1589年），明性和尚“欲市买藏经，持钵游长安”，化缘发愿振兴寺院，其虔诚最终感动了皇太后，敕赐海内诸名山，“命函经狮林，敕赐圣恩寺额”，在当时的长洲县知县江盈科的支持和帮助下，重建狮子林圣恩寺佛殿，再现这座名园的兴旺景象。明性还根据佛教制度中伽蓝七堂的固有定式，在狮子林增建了山门、大殿、经阁，也在殿上设金像，成为前寺后园两部分，于是颓废百年的狮子林“一朝悉还其故”。

明崇祯十五年（1642年），会稽居士陈日新又对狮子林进行修缮，增建藏经阁，“复构大殿，大殿并举，翚飞霞举，坚好特殊，远近来视，诧为神匠鬼斧”，一时香火旺盛，又恢复了之前的繁荣。

清康熙四十二年（1703年），康熙皇帝南巡至此，赐额“狮林寺”。后乾隆皇帝六次下江南，多次游览狮子林，先后赐“镜智圆照”“画禅寺”及现存“真趣”等额匾。乾隆皇帝非常喜欢倪瓒和狮子林，从第二次南巡起，每次都要到狮子林游览。第二次南巡时还特意带了倪瓒的《狮子林图》，展卷对照观赏狮子林，“却爱狮林城市间”。后来在皇家园林圆明园和承德避暑山庄中仿建狮子林。从此，一园南北，三狮竞秀，成就一段园林写仿的佳话。

清乾隆年间，狮子林寺、园分开，后被衡州知府黄兴祖买下，精修府邸，重整庭院，取名“涉园”。清乾隆三十六年（1771年），黄兴祖之子黄熙高中状元，黄家于是精修府第，重整庭院。因园内栽植有5棵大松树，更取园名为“五松园”。咸丰末年，狮子林逐渐荒废，至光绪中叶，黄氏家道衰败，木石变卖，园已倾圮，唯有园中的假山依旧。

1917年，世界著名建筑大师贝聿铭的叔公、上海颜料巨商贝润生花9900银圆从民政总长李钟钰手中购得狮子林，用将近9年的时间整修，新增了部分景点，并冠以“狮子林”旧名。由此，狮子林再度冠盖苏城。贝润生原准备开放狮子林作为公共园林，因抗战爆发而未能如愿。1945年贝润生病故后，狮子林由其孙贝焕章管理。新中国成立后，贝氏后人将狮子林捐献给国家，苏州园林管理处接管整修后，于1954年对公众开放，成为人民的公园，继续延承着一代名园的辉煌和风采。

狮子林的总体布局，平面上呈现出东西略宽的长方形，四周是高墙峻宇，合围出一方雅致的园林天地。园内主要建筑集中在东、北两面，著名

ㄨ 狮子林内的湖石假山多且精美

的湖石假山在东南面，水面集中在中央，呈现出建筑围绕山石池水的江南园林典型布置方式。

园中的建筑出自各个时期，风格也各不相同。园中的主厅名为燕誉堂，意为安闲快乐，取自《诗经》“式燕且誉，好尔无射”，整个建筑高敞宏丽。堂屋门上有“入胜”“通幽”“听香”“读画”“幽观”“胜赏”的砖刻匾额；北厅称“绿玉青瑶之馆”，出自画家倪瓒的诗句“依微同里接松陵，绿玉青瑶缭复萦”，“绿水”指水，“青瑶”则指假山。花园内的荷花厅、真趣亭等建筑傍水而筑，装修和雕刻均非常精美。园中的石舫是混凝土结构，为贝氏居于狮子林时所修建，形态小巧，体量适宜，西式风格，镶嵌彩色玻璃的和合窗。暗香疏影楼是楼非楼，楼上走廊可直达假山。园内的飞瀑亭、问梅阁、立雪堂与瀑布、寒梅、修竹相呼应。

此外，园内很多建筑的名称还与佛教典故有关。筑于土山之上的“问梅阁”重檐巍峨，是西部园景的主体建筑，名字出自佛教禅宗公案“马祖问梅”。阁前遍植梅树，周边种有一小片红梅、绿梅，林中的花街铺地也以梅花点缀。阁中悬挂“绮窗春讯”匾额，取自唐代王维《杂诗》“来日绮窗前，寒梅著花未”，体现了文人士大夫的审美情趣。园中主体假山之北的“揖峰指柏轩”，原是讲经说法的场所，典故出自“赵州指柏”的禅宗公案，也有说源于宋代朱熹的诗句“前揖庐山，一峰独秀”和明代高启的诗

狮子林 燕誉堂

石舫 真趣亭

揖峰指柏轩

句“人来问不应，笑指庭前柏”。

狮子林兼具寺庙园林和私家园林的特色，印记了不同时期的风格，精致美丽，在不同的季节游览都会有不同的感受。这样一座富有传奇色彩的名园，随处可见前人留下的印迹。长廊的墙壁中嵌有宋代四大名家苏轼、米芾、黄庭坚、蔡襄的书法碑及南宋文天祥《梅花诗》的碑刻作品等。这些各朝代的碑帖及名人的书画题词，赋予这座园林以深厚的古典文化韵味。

置身狮子林中，其景致之妙，让你不由得沉醉叹服，恍惚间仿佛进入一个广阔奇妙的大千世界。

PART 04
顾瑛与玉山雅集

玉山草堂在今江苏昆山市西界溪上。《清一统志·苏州府二》:“《府志》,元顾仲瑛筑,亦曰玉山佳处。园池亭榭,诗酒觞咏,吴中第一。”

元代文学家、藏书家顾瑛(1310—1369年),苏州昆山人,一名阿瑛,又名德辉,字仲瑛,号金粟道人。昆山是“百戏之祖”昆曲的发源地。顾瑛出身昆山望族,少游侠,不屑仕进,至正中也曾举茂才,署会稽教谕,又辟行省属官,但都没有赴职。

顾瑛一生酷爱诗词,《光绪信义志》中提及:“仲瑛嗜诗如饥渴”“唯诗是求”。他本人也确实能写诗,《四库全书总目提要》中认为其“好事而能文,其所作不逮诸客而词语流丽,亦时动人”。顾瑛以隐士自居,追求的是离世隐居,其《自题像》诗曰:“儒衣僧帽道人鞋,天下青山骨可埋。若说向时豪侠处,五陵鞍马洛阳街”,实际上就是其隐士形象的自我描述。

元代时的商人地位虽有所提高,但经商仍被认为难登大雅之堂。顾瑛却16岁时就离家在京师经商。至正初年,成为巨富后的顾瑛回到家乡,开始了人生新的选择:一是弃商从文。将田业和产业全部交给子婿辈打理,自己则潜修文学艺术;二是筑园林。顾瑛家业豪富,在绰墩山以南修建了昆山历史上最显赫、最宏伟的私家园林“玉山佳处”,初名“小桃源”。杨维桢曾作《小桃源记》，后改为“玉山佳处”，再后又改称“玉山草堂”。

从元至正八年（1348年）到至正十年（1350年），顾瑛在这里先后建了桃园轩、钓月轩、可诗斋、读书舍、书画坊、碧梧翠竹亭、小蓬莱等园池亭馆三十六处，远近闻名于当时。

吴克恭在《玉山草堂序》中云：“玉山草堂者，昆山顾仲瑛氏为之读书弦诵之所也。昆以山得名，而山有石如玉，故州志云玉山，仲瑛因是山之势筑室以居之。结茅以代瓦，俭不至陋，华不逾侈。散植野梅幽篁于其侧，寒英夏阴，无不佳者以其合于岩，栖谷隐之制，故云草堂”，将玉山佳处改名玉山草堂的原因作了详尽的说明。

玉山草堂内不仅有园池亭榭之胜，更有主人耗费大量财力搜集来的古书名画、鼎彝珍玩，从而使这个草堂成为当时文人理想的游赏、鉴古和雅集之所。顾瑛爱结诗友，当时在吴中活动的文人几乎皆与他有过交往，其中包括杨维桢、柯九思、郑元祐、张雨、袁华、王冕、倪瓒、郭翼等人。玉山草堂落成后，顾瑛经常邀好友在此饮酒赋诗，并多次广邀吴中名士，旦夕在玉山草堂雅集，置酒高会、啸傲山林，其雅集活动以文采风流而著称于东南。“玉山雅集”持续十多年，参与人数达上百人，以其诗酒风流的宴集唱和被《四库提要》赞为“文采风流，照映一世”，与东晋王羲之的“兰亭雅集”、宋代王诜的“西园雅集”并列为中国古代历史上的三大雅集，成为中国文化史上一个十分知名的符号。

元至正八年（1348年）二月十九日的玉山雅集更是名流云集，盛况空前。“觞政流行，乐部谐畅。碧梧翠竹，与清扬争秀；落花芳草，与才情俱飞。登口成句，落豪成文”，可谓诸集之冠。参加雅集的画家张渥用李公麟的白描画法画《玉山雅集图》，可惜原图已经佚失。清代画家华嵒绘制的《玉山雅集图》，想象并描绘了当年雅集的景象。这件作品原名《竹溪六

元·柯九思《文同墨竹》

逸》，后来由经颐渊改订为《玉山雅集》。杨维桢作《玉山雅集图记》，其中写道："清而不隘也，华而不靡也，若今玉山之集者非欤"，可见其对玉山雅集的评价非常高，认为是与兰亭修禊、西园雅集相提并论的雅集活动。

元至正二十年（1360年）中秋佳节，顾瑛照例召集友人举办雅集活动，但这次的举办地点非常特殊，是在顾瑛提前为自己建造的坟墓（金粟冢）前。据于立《金粟冢中秋日燕集后序》介绍，当天参加雅集的主客有12人。对顾瑛来说，人固有一死，与其自己死后故旧哭祭于坟前，不如生前与友人在此痛饮赋诗。

这是一次别开生面的雅集活动，本该在华堂幽室的园林或山明水秀的环境中举行的文人雅集活动，变为在暗示着人生无尽悲凉的坟前进行。这次雅集几乎可视为玉山雅集的绝唱。

元至正八年（1348年）到至正二十年（1360年）的十多年间，顾瑛组织文人雅集60余次，与顾瑛有交往的文人雅士多达200余人，几乎囊括了元末江南所有著名的文人雅士，玉山草堂雅集产生的诗词歌赋占了至正年间诗歌的十分之一。

可以说，玉山草堂的雅集活动规模之大，举办时间之久，参与人数之众，创作诗歌数量之多，在整个中国古代文学史上，都是极其少见的。顾瑛主导的玉山雅集融诗、书、画、园林等多种艺术为一炉，主张艺术至上，无功利羁绊，映射出元末文人张扬个性的精神取向，展现了吴中文人不乐仕进、悠游雅集的风流文雅，对元末至明清的江南地区，尤其是吴中地区的文化发展产生了重要影响。

玉山雅集不仅为当时的文人提供了一个躲避祸乱与休憩身心的世外桃源般的理想场所，而且雅集的成员几乎汇聚了当时所有东南文坛名流。这群文人同声相求，虽身处社会动荡、战乱四起的时代，却依然能够纵情诗酒，挥洒才情。

元至正二十七年（1367年），玉山草堂毁于元明易代的战乱之中，至今已片瓦无存。顾瑛因家园被灭，举家避居嘉兴合溪。明朝肇建后，顾瑛父子又被勒令迁徙到安徽凤阳临濠。明洪武二年（1369年）三月十四，顾瑛客死于临濠，十二月安葬在绰墩墓地，声名显赫的“玉山雅集”从此彻底烟消云散。顾瑛在其诗文“柳条折尽尚东风，杼轴人家户户空。只有虎丘山色好，不堪又在客愁中”，仿佛预见了这一结局，但顾瑛和他倡导的玉山雅集成为文人雅集的千古绝唱。

PART 05

拙政园——拙者之为政

拙政园，可以说是苏州最大的古典私家园林，也是苏州园林精华所在，东中西三园，东花园开阔疏朗，中花园是全园精华所在，而西花园则以修筑精美取胜。

拙政园

拙政园园址所在的地方在唐代是陆龟蒙（唐代农学家、文学家）的住宅，元代的时候这里曾建有大宏寺。明正德初年（16世纪初），因官场失意而还乡的御史王献臣，购买了大宏寺的遗址和附近的低洼地，拓建为园，取晋代文人潘岳《闲居赋》中“灌园鬻蔬，以供朝夕之膳……此亦拙者之为政也”文意，命名“拙政园”。

王献臣与当时画坛吴门画派领袖文徵明是好朋友，两人多有诗词唱和，所以邀请他共同进行建园的谋划设计。园区中亘积水，浚治成池，弥

明 · 文徵明《拙政园》

漫处“望若湖泊”，园中多隙地，缀为花圃、竹丛、果园、桃林，共有堂、楼、亭、轩等三十一景。初创时的拙政园以水为主、疏朗平淡，如现代园林学家刘敦桢所言“建园之始，建筑物则稀疏，而茂树曲池相接，水木明瑟旷远，近乎天然风景”，园“广袤二百余亩，茂树曲池，胜甲吴下”。

明嘉靖十二年（1533年），文徵明根据园中景物相应地绘图31幅，各系以诗，并作《王氏拙政园记》，记录了造园之初自然朴雅的景象。广交名士的王献臣，在这疏朗雅致的拙政园中，与朋友泛舟，畅饮，诗词唱和，可谓是风雅之致，正如王宠《拙政园记》中所说“修阴山之事，和苏门之遗响”。

就这样，当落魄江湖借画抒怀的文徵明碰到政治失意的王献臣，与其说他们是互相欣赏对方的品行和才能，不如说是找到了倾诉的对象。正是这种巧合以及与文化艺术的碰撞，成就了拙政园这座独一无二的历史名园。

可惜王献臣的儿子好逸恶劳，染上了赌博的恶习。王献臣死后，其子一夜豪赌后，将园子输给阊门外下塘徐氏的徐少泉。徐氏得园后“以己意增损而失其真”。此后，徐氏在拙政园居住长达百余年，后徐氏子孙亦衰落，园渐荒废。

明崇祯四年（1631年），拙政园东部荒地十余亩为刑部侍郎王心一所购得。王善于画山水，悉心经营布置园中丘壑，于明崇祯八年（1635年）落成。王心一也因在朝廷上疏言事，历遭降斥。他仰慕东晋陶渊明风骨，将退隐后所建造的园林命名为“归田园居”，并自撰《归园田居记》记载园景。园中有秫香楼、芙蓉榭、泛红轩、兰雪堂、漱石亭、桃花渡、竹香廊、啸月台、紫藤坞、放眼亭等诸多景点，还有荷花池四五亩，墙外则另有家田数亩。园中多置奇峰怪石，山石乃是仿峨眉栈道而堆叠。据清代沈德潜《兰雪堂图记》记载，当时园中有崇楼绮阁、名葩奇木、珍禽怪兽，

拙政园

丘壑幽洞，景色奇美，与已荒废为丘墟的拙政园中部形成鲜明的对比。清初直至道光年间，王氏子孙尚居其中，但园林已逐渐荒圮，大部分变为菜畦草地，一望萧条。

园林中西部的兴衰变化也较多。清初名士钱谦益（1582—1664年）寓居苏州时，曾构曲房于此，安置金陵名妓柳如是，平日里在园林里饮酒作诗，风花雪月。

拙政园 见山楼

清顺治五年（1648年）前后，清兵入苏州时，园主人以二千金将园子售与大学士海宁陈之遴。陈氏得园后重加修葺，园中多置奇花异石，极度奢丽。园内有宝珠山茶花三四株，花时钜丽鲜妍，为江南所仅见。但陈之遴长期在京为官，购园十年后即获罪被谪辽东，客死他乡，始终未能得见园中的一花一木。

清康熙元年（1662年），拙政园因园主获罪而被收为官产，圈封为宁海将军府，次第为王、严两镇将所有。康熙三年（1664年）又改为兵备道（安姓）行馆，成为一处府署花园。

在此以前，园主虽屡有变动，但大都保持了拙政园的旧貌。直至吴三桂的女婿王永宁占有后，开始在园中大兴土木，易置丘壑，园中面貌与文徵明图记中所述已经大不相同。园内增建了斑竹厅、娘娘厅等建筑，为吴三桂女婿居处，又有楠木厅列柱百余，石础径三四尺，高齐人腰，柱础所刻皆升龙，又有白玉龙凤鼓墩，真乃穷极侈丽。

王永宁经常在园内举行盛大的宴会，蓄养家姬演剧唱戏，时人有“素娥几队出银屏”“十斛珍珠满地倾”之句。后王永宁因吴三桂举兵反清，惧而自杀，家产籍没，雕龙柱础及楠木柱石等全部运至京师充公。陈其年曾有诗云：“此地多年没县官，我因官去暂盘桓。堆来马矢齐妆阁，学得驴鸣倚画阑”，可见后来园林的破败景象。

清康熙十八年（1679年），拙政园改为苏松常道新署，参议祖泽深将园林修葺一新，增置堂三楹。清康熙二十二年（1683年），苏松常道裁缺。清康熙二十三年（1684年），康熙皇帝南巡时曾来此园，可能因为其风格早已失去原有园林的雅致，并不是很喜欢。同年编成的《长洲县志》中写道：

拙政园

“廿年来数易主，虽增葺壮丽，无复昔时山林雅致矣”。

自苏松常道署被裁撤以后，拙政园逐渐散为民居，先是由王皋闻、顾璧斗两家所分，后来总兵严伟亦居于此。乾隆初年，时任苏州知府的蒋棨修复了满目荒凉的中间部分花园，取名为“复园”，经营多年后逐渐恢复了旧观，“不离轩堂而共履闲旷之域，不出城市而共获山林之性”。

每当春秋佳日，园主人与宾客名流在此觞咏，品诗论画，极一时之盛，曾有《复园嘉会图》传世。袁枚、赵翼、钱大昕等文人相继来此园相聚，流连赋诗，留下很多诗词作品，袁枚有诗云：“人生只合君家住，借得青山又借书”。但蒋棨殁后，园也逐渐荒落了。

清乾隆十一年（1746年），叶士宽调任宁绍台道，后因父丧丁忧归家，遂家居不出，买下了已散为民居、荒凉满目的拙政园西部旧地，加以修

拙政园

葺，并新筑拥书阁、读书轩等建筑，定名为“书园”。登拥书阁四望，姑苏城景色如画，有北禅香市、古塔晴云、春城夕照、晚市钟声、野圃疏香、北郭归帆、戴溪月色、双沼荷风、秋原获稻、阳山积雪十景。叶士宽之子叶树藩与其甥赵怀玉曾作十咏记之。

至此，拙政园除了东部的归园田居之外，中西部的园林又分为中部的“复园”和西部的“书园”两个部分。原来浑然一体、统一规划的拙政园，演变为相互分离、自成格局的3个园林，其中复园的景色最佳。

清同治九年（1870年），张之万任江苏巡抚，以拙政园为办公场所，与家人生活在其中。第二年，张之万对园林进行大规模修整，拙政园初建时自然雅致风格逐渐得以恢复。张之万告养之后并没有离开苏州，与弟弟张子京居住在拙政园。同治十一年（1872年），张之万将拙政园改为“八旗奉直会馆”。后来富商张履谦购得残破的西部园林，请画家顾沄等人共事修葺，取名补园，并新建了卅六鸳鸯馆、十八曼陀罗花馆等建筑，装饰精细华丽，使花园具有典型的晚清风格。此后，连年兵燹战乱，园林变得残破不堪，一直到新中国成立后，这座饱经沧桑的旧园才又重获新生，长久以来被分开的三部分合而为一，一代名园在历劫之后终于再放光彩。

拙政园凝聚了苏州文化与江南山水之美，留下了许多值得探寻的遗迹和典故，成为中国传统园林艺术的重要文化遗产，展示着中国园林艺术之美，展示江南的诗意生活。

拙政园南部为住宅区，体现了典型江南地区传统民居多进的格局。园林部分则以水为中心，山水萦绕、亭榭精美、花木繁茂，向以“林木绝胜”而著称。园内分为东、中、西3个部分，各有其特色。东部花园开阔疏朗，有古朴的竹坞曲水与自然的松岗岛山，不同类型的风光互衬互补；中部花园是全园的精华所在，有若自然，中间的大水池有聚有分，清光而漫

× 拙政园

远；西部花园以水池为中心，建筑较密，装饰精美，饶有趣味，别有洞天。

拙政园师法自然，巧于因借，创始的园主人和画家将园居创意化为眼前优美的景致，巧妙地再现了大自然的精华，并将诗情画意赋予其中，在城市中的咫尺之地呈现出曲径通幽和“山重水复疑无路，柳暗花明又一村”的境界，城市山林、田园风光和自然野趣，引人入胜。在这里，名人名园交相辉映，影响着后世的造园者。

古典园林的构建布局在拙政园中几乎达到极致，随意行走在园内的山坡小径或曲桥亭台，不管是俯首凝视还是极目远眺，都会让人赏心悦目。往往看似随意布置的一处摆设都是那么恰到妙处，园中四季花木极尽观赏之娱，灿烂芬芳，“世界园林之母”实非虚名。

园内不同时期名人所题写的匾额，亭柱上的楹联，回廊、围墙上的碑帖和书条石，厅堂、馆阁内陈设的书画，都是中国书法艺术的精华。精美的雕饰、多样的花窗、别致的洞门、多彩的花街铺地，是拙政园千年历史的积淀。

当耳边传来余音缭绕的旋律，拨动琵琶轻吟弹唱，或是盛装浓抹、舞姿婀娜的昆曲表演，浅浅的清音穿越山林，掠过水面，与自然之音混为一体。此情此景，园中亭亭玉立的莲荷，随风轻扬的杨柳，引得水中的锦鲤，树上的鸟雀，无不为之欢跃起舞。花草无语，树木有情，花开四野，香漫山林，拙政园带来的又岂止是身心的放松和愉悦。

PART 06

留园——长留天地间

留园，位于苏州市姑苏区阊门外，和苏州拙政园、北京颐和园、河北承德避暑山庄并列为中国四大名园。留园是苏州旅游的必到打卡地。它有两大特色：一是建筑及布局精美，苏州园林所有的造景手法均可在园中找到；二是山石水木和园林建筑相融，呈天然之趣。

留园 冠云峰

游览留园，只需沿着长达700多米的曲廊前行，风景就会依次展开。园内高低参差的亭馆楼榭、妙法自然的山水之美都尽收眼底。

留园始建于明万历二十一年（1593年）。太仆寺少卿徐泰时罢官后返回故里苏州，大治别业园圃为东园，也就是现在留园的前身，偏西另有一座被称为西园的园林，其地在元代时为归元寺。徐泰时把已经衰落的归元寺改建为宅园，名之为西园。徐泰时辞世之后，其子徐溶舍园为寺，取名复古归元寺，后来改称为西园戒幢律寺（俗称西园寺）。

东园中杂莳花树，前楼后厅，园内“宏丽轩举，前楼后厅，皆可醉客”，园内的独置赏石瑞云峰相传为宋代花石纲遗物，园中还有善叠山理水的周时臣所堆叠之石屏，玲珑峭削“如一幅山水横披画”，为高三丈之片云峰。今天园内中部水池、池西假山下部的黄石叠石，应该是当年的遗物。东园的面积大约有40多亩，园景以水池、山石、花木为主，构建了一楼、二堂、二亭、一庵等园林建筑格局。园中的四时花木有十余种，多达数百株。东园“虽由人作，宛自天开”，呈现一派自然风光和山林气势，胜似巨

留园 闻木樨香轩

幅的写意山水画。

徐泰时的两位好朋友均为万历进士，一位是长洲县令江盈科，另一位是吴县县令袁宏道，都是东园的座上客。园中的主体建筑为“后乐堂”，取意于北宋范仲淹“先天下之忧而忧，后天下之乐而乐”的名句。江盈科在《后乐堂记》中对园中景物有非常详尽的记述：“堂之前为楼三楹，登高骋望，灵岩、天平诸山若远若近，若起若伏，献奇耸秀，苍翠可掬。楼之下北向，左右隅各植牡丹芍药数十本，五色相间，花开如绣……径转仄而东，地高出堂前三尺许，里之巧人周丹泉，为垒怪石作普陀、天台诸峰峦状……步自亭下，由径右转，有池盈二亩，清涟湛人，可鉴须发。”袁宏道《园亭纪略》除盛赞园内景色“皆可醉客”外，着重提到了园内的石屏与石峰，“垄上太湖石一座，名瑞云峰，高三丈余，妍巧甲于江南”。园主人徐泰时以一位建筑家和园林师的眼光与能力，修治并创建了独具特色的亭台楼馆和山石美景，远远超越了他的祖辈，为四百年后留园成为历史名园打下了坚实的基础。

留园雪景

明万历八年（1580年），时年四十一岁的徐泰时高中进士，后授工部营缮主事，主持修复紫禁城内的慈宁宫，详细筹划并指挥施工。因有功劳而被擢为营缮郎中，后负责建造万历皇帝的寿陵（即明十三陵中的定陵）。在他的努力工作下，工程进展非常迅速，节省的钱数达十万缗（古时一串钱是一千文，为一缗），展示出卓越的经营和管理才能。皇帝也非常满意他的这项工作，因而赐他麟服以彰宠异，又进秩太仆寺少卿。太仆寺相当于是皇家建筑领导小组，这些经历也为后来徐泰时自家造园打下了坚实基础。

留园

徐泰时性格非常耿直，敢于直言，平生慷慨任事，但自恃才高，由此也遭人忌恨，得罪了上司与同僚，因而被弹劾，被控为“受贿匿商，阻挠木税”，于是在万历十七年（1589年）冬“旨令回籍听勘”，四年后虽查实“无庇商之私”，但仍罢职不用，从此挂冠回到苏州阊门外下塘花步里（今留园路一带）家中，“一切不问户外，益治园圃”。

当然，他并非在平地造园，而是在其曾祖父“始创别业”的基础上建造了东园，“杂莳花竹，以板舆徜徉其中。呼朋啸饮，其声遏云……留连池馆，情盘景遽，竟日忘归”，过着舒啸闲居的日子。

徐泰时去世后，他的“东园”亦逐渐荒废。清乾隆五十九年（1794年）为吴县东山刘恕所得，在“东园”故址改建私家园林，清嘉庆三年（1798年）建成，因园中多植白皮松、梧桐和竹子，竹色清寒，波光澄碧，更名“寒碧山庄”。

刘恕，字行之，号蓉峰，又号寒碧主人、花步散人，乾隆年间任观察

留园秋色

使，曾在广西任右江兵备道，代理过柳州、庆远两府事，皆有政声，邦人颂之，后因水土不服而告病还乡。

刘恕喜好书法名画，多收集古今石刻，他将自己撰写的文章和古人法帖勒石嵌砌在园内廊壁之中，就是今天留存园中的《留园法帖》。后代的园主多承袭此风，逐渐形成今日留园内多书条石的特色。刘恕世居洞庭莫厘峰下，曾饱赏太湖七十二峰山水之巨观，后居于城市之中，但仍然欣羡山林，尤其喜欢赏石。造园时，他搜寻了十二名峰移入园内，并撰文多篇详细记录了寻石的经过，抒发了欣赏佳石之情。嘉庆七年（1802年），著名画家王学浩为刘恕绘《寒碧庄十二峰图》，此图现存于上海博物馆。园中三百多方书条石和大大小小不同类型的峰石形成园中一道特殊的风景线。

刘恕的园林除了自己游赏之外，还对外开放。据钱泳《履园丛话》记载，清道光三年（1823年），寒碧庄始开园门对公众开放，曾在苏城轰动一时，游者无虚日，人称“刘园”。清咸丰年间，寒碧庄因泉石之幽、花木之美、亭榭之胜，号为“吴中名园之冠”。

※ 留园 五峰仙馆

清咸丰十年（1860年），苏州阊门外均遭兵燹，街衢巷陌，毁圮殆尽，唯有寒碧庄幸存下来。清同治十二年（1873年），留园被布政使常州人盛康购得，缮修加筑，清光绪二年（1876年）完工，其时园内“嘉树荣而佳卉茁，奇石显而清流通，凉台燠馆，风亭月榭，高高下下，迤逦相属”（俞樾《留园记》），比昔日盛时更增雄丽。因前园主姓刘而俗称刘园，盛康于是仿袁枚在南京建随园之例，取其音而易其字，改名留园，也有“长留天地间”之意。清光绪十四年（1888年），园中西部辟建“别有洞天”等景点，清光绪十七年（1891年）又扩建东部，盛康购得园旁奇石冠云峰，作为观赏石放置于园中，成为留园的代表性景物。

盛康晚年自号留园主人，常在五峰仙馆中宴请宾朋好友，一面听“清歌唱出回鸾曲”，一面观赏“筵前已尽东南美”的庭院，畅饮“百觞累进意无足”，过着“人生快意赖有此”的生活。据说，盛宣怀还曾将3块太湖石的名字分别给家中3个孙女儿取作小名。

盛康殁后，1911年留园归其子盛宣怀所有。在他的经营下，留园声名愈振，成为吴中著名园林。1929年，留园归吴县政府管理，修葺后对公众开放。20世纪30年代以后，因战乱等原因，留园日渐荒芜。新中国成立后，国家致力于保护抢救重要历史名园。1953年，苏州市人民政府决定修复留园，请了一批学识渊博的园林专家和技艺高超的古建工人，经过半年的修整和维护，一代名园终于重现光彩。20世纪90年代又修复了盛家祠堂和部分住宅，使原来宅、园相连的风貌进一步趋向完整。就这样，久负盛名的留园，传承着名园和名人的故事，继续延承着一代名园的辉煌成就。

留园作为苏州大型园林的代表之一，规模较大，园内的建筑数量较多，类型多样，花木茂盛，山石嶙峋，可谓是融合了江南地区传统的造园艺术，尤其是以建筑庭院划分与园林空间组合精湛见长。

留园分为东部庭院、中部山水、北部田园和西部山林四大景区，各有特色。中部是原寒碧山庄的旧址，园内布局以水为主，环绕山石和楼阁建筑，以长廊小桥连贯之，涵碧山房、明瑟楼是留园的主体建筑，假山以土为主，叠以黄石，气势浑厚。东部以建筑为主，有大型厅堂和轩斋等，建筑围合的空间内有立峰赏石，从平面上看曲折多变。主厅五峰仙馆俗称楠木厅，厅内装修精美，陈设典雅，林泉耆硕之馆是著名的鸳鸯厅，也是园内昆曲演出的重要场所，厅北有著名的留园三峰，冠云峰居中，瑞云峰、岫云峰屏立其左右；西部以大假山为主，漫山枫林，亭榭一二，南面环以曲水，仿的是魏晋文学家陶渊明所描绘的武陵桃花源，与中部以云墙相隔，红叶出粉墙之上，远远望去，灿若云霞，为中部最好的借景。北部原有建筑早已废毁，现多栽植竹、李、桃、杏等花木，“又一村”等处建有葡萄架、紫藤架等，花木繁盛，犹存田园之乐趣。

初建时的留园平淡疏朗，是一座极富山林之趣的明式风格园林；到清代刘氏时，建筑虽然增多了，但部分地方还保留了明代园林的气息，仍不

留园 林泉耆硕之馆

╳ 留园海棠依旧

失深邃、曲折、幽静之趣；盛康大规模修建后，园内更加富丽堂皇，这种风貌和格局留存至今。

经过几任园主的精心打造，如今的留园城市山林之味仍浓，园中处处诗情画意，落花流水皆文章。信步园中，且走且观，如同观赏一幅完美的山水画。坐于亭中，看风轻云淡，云卷云舒，仿佛读一首清幽的田园诗。

由“刘”到“留”，留园的风格外貌一直都在因园主人的改变而改变，但简单的一个“留”字中，却蕴含了丰富的含义，除了长留天地间的美景之外，还留给我们很多有趣的故事，也留下意味深长的憧憬和期盼……

PART 07
网师园——云水相忘之乐

20世纪70年代，普林斯顿大学东方美术系主任、纽约大都会博物馆远东部特别顾问、美籍华人方闻教授因在美国收藏了很多明清家具，却没有合适的存放空间，在访问上海时辗转找到园林专家陈从周教授请教。在陈先生的建议下，方闻教授以网师园殿春簃为蓝本，在纽约大都会博物馆里

网师园航拍

修建了一座中式园林建筑“明轩”。建筑学家贝聿铭先生也参加了“明轩”方案的审稿，“明轩”所用砖瓦和木料都是从中国运过去的，建造者是苏州鼎鼎有名的“香山帮”传人。由此，原汁原味的苏州园林殿春簃成为代表中国园林的重要名片。

网师园位于苏州城东南的阔家头巷，宅和园的总面积不足9亩，其中园林位于住宅的西侧，大约有5亩，一池碧水居中，四围建筑环列，花木蓊郁，是江南中型古典园林的代表作品。由阔家头巷住宅大门经轿厅折西有小门，就是园林的入口，门楣上有砖刻的园名“网师小筑”，住宅后部也有不大的边门和园林相通，如今园门改由十全街后门经梯云室而进入，以方便各地游客参观。

网师园始建于南宋时期，原为吏部侍郎史正志万卷堂故址。宋淳熙元年（1174年），史正志（1120—1179年）因反对张浚北伐而被弹劾罢官，

夜游网师园

网师园

退居姑苏时在此修建住宅万卷堂和花圃渔隐。因府中列书四十二橱，藏书万卷，其中更以珍贵的写本居多，故名“万卷堂”。在对门建造花圃，名为“渔隐”，其中栽植牡丹五百余株，还有其他的花卉和树木。

正是在这片属于自己的小天地里，史正志闭门垂钓养花，读书著述，过着悠闲的生活，号“乐闲居士”“柳溪钓翁”“吴门老圃”。史正志潜心研究菊花，著有《菊谱》（又称为《史老圃菊谱》）一卷。

史正志去世之后，园子贱价卖给了丁氏，并被分割为4个部分，园圃遂逐渐荒废，那万卷珍贵的藏书，“始则论斤买为故纸，其后势家每橱止得一十千，卷席而去”，甚是可惜。

清乾隆中叶（1765年前后），光禄寺少卿宋宗元购得万卷堂故址部分园地，成为新的园主人，在此重新建造别业，园中有幽崖池泮、亭台楼阁十二景。

宋宗元少年时代经常去万卷堂故址游玩，为官多年后以太夫人年老之故，陈情回归故里。他退隐之后机缘巧合在此地营造家居别业，作为奉母养亲的地方，并托渔隐之意，自比为渔人，又因花园坐落于王思巷，取其谐音，命名为“网师小筑”。网师是苏州人对渔夫的别称，渔夫也让人联想到屈原笔下的渔父，透露着浓浓的隐居之意。

宋宗元中岁抽簪，啸歌自得，喜欢结客会友赋诗，园内吟哦之会与丝竹之声不断，当时与宋宗元往来唱和的有被乾隆皇帝称为“江南老名士”的诗人沈德潜。沈氏近70岁才中举入仕，乾隆皇帝曾夸赞“我爱沈德潜，淳风挹古初”，足见沈德潜的文采和个人魅力。沈德潜住居之所就在网师园的隔壁。参与酬唱饮宴的还有宋宗元的姐夫彭启丰，他是清雍正五年（1727年）的状元。清乾隆二十三年（1758年），彭启丰还来网师园参加元宵张灯宴乐并赋诗。一时间网师园内大家云集，琴棋书画，诗酒流连，可谓是极一时之盛。

清乾隆四十四年（1779年），宋宗元去世的时候，他的儿子还是一位“太学生”，与别人发生诉讼，一打官司银子都花光了，没钱了就卖了房子又卖地，于是一半产业就归了别人。新的主人对园林经营不善，园子再次荒废，日渐颓圮，野草过膝，无人问津。

清乾隆六十年（1795年），太仓富商瞿兆骙购得这处近乎废弃的园林，目营心匠，再加修葺，添筑了梅花铁石山房、小山丛桂轩、濯缨水阁、蹈和馆、月到风来亭、云冈、竹外一枝轩、集虚斋等建筑，遂成如今园林布局规模之基础。

清代文学家钱大昕在《网师园记》记载了这座园林的演变过程：“带城桥之南，宋时为史氏万卷堂故址……曩三十年前，宋光禄悫庭购其地，

网师园 月到风来亭

治别业为归老之计，因以网师自号，并颜其园，盖托于渔隐之义……光禄既殁，其园日就颓圮，乔木古石，大半损失，惟池水一泓，尚清澈无恙。瞿君远村偶过其地，惧其鞠为茂草也，为之太息！问旁舍者，知主人方求售，遂买而有之。因其规模，别为结构，叠石种木，布置得宜。增建亭宇，易旧为新。”

园林重新落成后，亲朋好友均作记赋诗，瞿兆骙与好友几人经常在此宴集，留下了很多诗文记载。由于园主人姓瞿，又称“瞿园”，后复用旧名网师园。

清光绪年间，网师园为江苏按察使李鸿裔所有，称“蘧园”，又因其在宋代苏舜钦所筑沧浪亭之东，更名为“苏邻小筑”，也称苏邻园，内设“万卷堂”以藏所收之书，有藏书4万余卷。黎庶昌在《江苏按察使中江李君墓志铭》中说：“园故有老树、怪石、池沼、亭馆之胜，积书数万卷，益蓄三代彝鼎，汉唐以来金石、碑版、法书、名画以自娱。”

李鸿裔才具优渥，办事精明干练，在朝野声望很高，但在不到40岁时突然失聪，于是因耳疾辞官赋闲，在山水清嘉的苏州安家，退隐山林，回归自然，享受山水园林之欢，求得心灵的自由，以自己喜欢的方式度过后半生。

李鸿裔死后，其嗣子李赓猷（少眉）继承该园，清光绪二十二年（1896年）增建撷秀楼，是园主人起居之所，其匾额为晚清著名学者俞樾书写。“少眉观察世大兄于园中筑楼，凭槛而望，全园在目，即上方浮屠尖亦若在几案间，晋人所谓千崖竞秀者，俱见于此，因以撷秀名楼”。

清光绪三十三年（1907年），网师园被退居苏州的将军达桂所得，再加修葺，乃复旧观。辛亥革命后，张作霖以30万两白银从达桂手中购得此园，赠予其师张锡銮作为庆寿大礼，改园名为“逸园”，又称“张家花

网师园春日景色

园”，筑琳琅馆、道古轩、殿春簃、箩月亭诸胜。

抗日战争前，国画大师张大千和其兄张善孖与张锡銮之子张师黄交游，遂得以借寓网师园内，同时居住在园中的还有金石书画家叶恭绰等人。张大千兄弟的画室大风堂就是现在的殿春簃。

1940年，书画文物收藏家和鉴赏家何澄（字亚农）买下这座园林，恢复园林旧观，改竹外一枝轩为敞轩，拓展射鸭廊，辟殿春簃洞门，并重新使用“网师园”的旧名。1950年，何亚农后人将网师园捐献给国家。1958年，苏州市园林管理处对网师园进行全面整修后正式对公众开放，扩建了

梯云室，增修了涵碧泉，这座名园重又焕发了生机和活力。

如今，游人在此驻足观览，徜徉盘桓，不仅可感受到当年万卷堂的豪华气派，还可依稀想象当年一众园主人归老后在此“藏书万卷”，博览广阅，挥毫著述的情景。

网师园久经沧桑，屡废屡建，虽面积不大但其中的建筑物较多，体现了其作为园居生活场所的作用和功能。全园可分为3个部分，分别是东部住宅区、中部主园林区和西部内园区（园中园），这一布局使整座园林从外观上看整齐、均衡，而内部又因景划区，境界各异，别有洞天。

网师园夜色

东部住宅区前后三进，屋宇高敞，由大门、门厅、轿厅、大厅（正厅）“万卷堂”、江南第一门楼“藻耀高翔”、内厅（女厅）“撷秀楼”、梯云室组成。万卷堂意为藏书万卷之堂，本是始建园主人史正志的宅名，也是现存住宅区的主厅堂，题匾“万卷堂”为明代吴门四家之一的文徵明所写。

中部是主要的园林区，进得园来，顿觉豁然开朗。以水池为中心，一池绿水，碧波荡漾，运用以暗衬明和山石池水相对比的手法，配以山石、花木和众多风格各异的建筑，主要有铁石山房、琴室、蹈和馆、小山丛桂轩、濯缨水阁、彩霞池、月到风来亭、看松读画轩、竹外一枝轩、集虚斋、小姐楼、五峰书屋、射鸭廊、引静桥（三步桥）。

南侧的小山丛桂轩（又名道古轩）是园中主要建筑，与蹈和馆、琴室围合成一个小庭院，主要用于居住宴聚，轩名典出北周文学家庾信《枯树赋》中“小山则丛桂留人”，以喻迎接和款待宾客之意。与苏州其他园林的花厅相比，小山丛桂轩的体量较小，但四面置窗皆成景，别有一番韵味。清代何绍基所撰对联“山势盘陀真是画，泉流宛委遂成书”可谓是形象写照。轩前后都有精心堆叠的山石，南侧的湖石花台较为低矮，其上主要栽植桂花，入秋清香满园，北侧的黄石假山“云冈”则较为高峻，山上疏植枫、桂、玉兰等植物，形成娴雅的四时花木景观。

小山丛桂轩的一侧沿着廊可至蹈和馆和琴室，这一处院落空间相对较为狭仄封闭，走廊曲折宛转，环境非常幽深；北面的五峰书屋、集虚斋、看松读画轩等则是以书房为主的一区，略置湖石进行点缀，疏植梅、竹、芭蕉等花木。从建筑往外看，构成优美的窗景，如同一幅美丽生动的图画。

水池面积约半亩，大致呈方形，水面聚而不分，仅东南和西北两角延伸出小水湾，池面总体比较开阔，池岸低矮，曲折错落。临池而建的亭廊、水阁、石桥皆低凌于水面，黄石池岸叠石处理成洞穴状，使池面有水

网师园

广波延与源头不尽之意。池中不植莲花，少植水草，透出大部分的水面，这样就使天光山色、廊屋树影映于池中，丰富了云影天光的景色。看松读画轩、集虚斋等主要建筑退隐于后，与水池之间或亘以假山、花台，或隔以庭院、树木，这样的布局使体量较高的厅堂楼屋不致逼压池面，也增加了园景的层次和深度。

自水池南向北望去，房屋参差配列，看松读画轩隐于树丛之中，高耸的古柏与贴水的曲桥、石矶亘列于中，临水的竹外一枝轩空透玲珑，形成了错落有致的构图。池南则有造型轻巧的濯缨水阁与浑厚的“云冈”山崖相配，也产生了很好的对比效果。水池的东面临近住宅，有大片的高墙，运用空亭、空廊和在墙面增添水平脚与假漏窗的造景手法，并在墙前叠假山，栽植紫藤、薜荔等藤蔓植物，软化了墙面的僵直和呆板之感，这些自然的要素对于景观起到了很好的视觉缓冲效果。

西部是园内之园，由露华馆、涵碧泉、冷泉亭、殿春簃等建筑组成相对独立的院落，是一处别具特色的园中园，昔日以栽植芍药而闻名于世。庭院空间中峰石峙列，树木疏朗，布置简洁，后来增建的冷泉亭和涵碧泉更是丰富了院中之景。“殿春”是春末的意思，出自宋代理学家和诗人邵雍的“尚留芍药殿春风”，多姿的芍药花本就开在春末时节，“簃”指阁楼旁的小屋，殿春簃本是园中读书处。

小屋外的院子并不大，亭、湖石、树木贴墙而设，显得中间的空间更为开阔，从院门进入，顿觉开朗。院中还有一处天然涵碧的泉水，称为“涵碧泉”。20世纪30年代，张善孖、张大千兄弟二人曾在此寓居几年，张善孖善于画虎而在院内养了两只真正的老虎，后来的一只乳虎养在殿春簃院中，被称为“虎儿”。这些经历留给苏州很多关于名人的轶事和传说，也让网师园多了些有趣的话题，因在私人园林中养老虎确实不多见。后来老虎死后埋入园内的假山之下，园内墙上还立有“先仲兄所豢养虎儿之墓”的墓铭。

网师园景色优美，空间合理，历来吸引着人们的目光。1986年央视版《西游记》“除妖乌鸡国”一集就选择在网师园取景，剧中王后月下独思，回忆与国王往昔的甜蜜，是在濯缨水阁；王子舞剑的地方是在殿春簃；国王和妖道同游的曲桥连着月到风来亭和北边的亭子，可谓是一园构成一国的景致。这些都成为园林和戏剧完美融合的有趣记忆。

以水为主的网师园，主题突出，布局紧凑，沿池布置的整体景观简洁自然，空间尺度斟酌恰当，并很完美地运用比例关系和对比手法，获得了理想的艺术效果。网师园精致的造园手法、深厚的文化底蕴、典雅的园林气息，尤以精致小巧著称，是江南地区中小型古典园林的代表作，被赞誉为“小园极则”，在国内外享有盛誉。

如今的网师园，每一处都透着浓浓的人文气息，些许的闲情雅致。身处园中，眼前所观的外在美和背后玄妙的巧思，不经意间，悠然自得的心境就在微妙地产生着变化，整个人也渐渐地沉浸在诗画意境中。

网师园中首开国内古典园林夜游之先河。入夜，园内各处陆续掌起灯来，点点灯火隐约在湖光山影中，流光溢彩，忽然间古筝、箫笛声从不远处传来，窃窃私语渐渐地闻于亭榭回廊之间。伴着夜色和灯光，信步于园内各处庭院，可以坐听评弹《枫桥夜泊》，也可以远观舞蹈《春江花月夜》，都是那么的别有韵味，苏剧《十五贯》会在戏谑中让人不禁开怀。而更令人欣喜的是，殿春簃庭院里正在上演昆曲《游园惊梦》，剧中的杜丽娘偶会走近游人，低回婉转的唱腔，说不定会惊破某一个人的梦，被艺术激活一个别样的生命。

PART 08
曲园——花落春仍在

在苏州古城马医科巷的深处，有一扇黑漆石库门，这就是晚清著名的朴学大师、文学家俞樾的故居——曲园。

俞樾（1821—1907年），字荫甫，浙江德清人，自号曲园居士，晚清著名学者、文学家、经学家。俞樾是清道光三十年（1850年）庚戌科进士，曾任翰林院编修，后来受到咸丰皇帝赏识，外放河南学政，不料在主持考试的时候出了一个大纰漏。

他出了一道“截搭题”，题面作“二三子何患乎无君我”（原文是“二三子何患乎无君？我将去之”，见《孟子·梁惠王下》），无君而有我，这是什么话？于是被御史曹登庸劾奏“出题试士，割裂经义”，受到革职永不叙用的严厉惩罚。被罢官后俞樾移居苏州，曾应李鸿章之邀于苏州紫阳书院、杭州诂经精舍、德清清溪书院、菱湖龙湖书院、上海求志书院主讲，潜心学术40余载，治学以经学为主，旁及诸子学、史学、训诂学乃至戏曲、诗词、小说、书法等，对史学、文学、诗词及书法艺术均有极深造诣。此外，他对造园亦颇为精通，主导设计自己的园林，曾作《园记》并在其著述中论及造园艺术，可谓是有理论又有实践。俞樾的学术成就于国外颇有声誉，日本、朝鲜等国向他求学者亦甚众，被尊为朴学大师，“东亚唯一宗师”。

俞樾罢官时，正值太平天国军队进军浙江，俞樾为避兵祸遂流寓苏州，潜心在此读经著书。俞樾在苏州三易其居，先是暂居于金狮巷原石韫玉之五柳园旧居。清同治四年（1865年），在同科进士、时任江苏巡抚李鸿章的帮助下，在苏州紫阳书院与杭州诂经精舍主讲执教。清同治八年（1869年），俞樾租赁马医科巷潘世恩旧第居住。

清同治十三年（1874年），在俞樾迁居苏州后的第十六个年头，其母从福建来到苏州，由于住处狭小乃谋迁徙之地而无当意之屋，于是购买了马医科巷西大学士潘世恩故宅废地数亩，又在友人的资助下购买了湖石、花木、建材等，开始亲自规划建造宅园，构筑自居的草堂。光绪元年（1875年）宅园落成，共筑屋30余楹，作为起居、著述之处。由于在其居住区之西北原有隙地的形状像一把曲尺，"一曲而已，强被园名"，亦有老子"曲则全"之意，于是小园得名"曲园"。其时，俞家的经济条件并不宽裕，所用的建筑材料都不甚粗大，普普通通，"但取粗可居，焉敢穷土木"。曲园建成后，俞樾遂自号"曲园居士"，并以"一曲之士"自称。

曲园是一座典型的江南书斋园林，园内的一亭一廊，一水一石，面积虽小，却有着丰富的历史和人文背景。院内轩斋南北相对，亭阁东西相直，园小而形曲，俞樾在《园记》中详细记载了这座园林的基本情况。

曲园之中，俞樾讲学和接待宾客的厅堂名为"春在堂"，堂内陈列俞樾部分著作和《春在堂全书》木刻原版。匾为曾国藩题写，匾末附有跋语："荫甫仁弟馆丈以'春在'名其堂，盖追忆廷验'落花'之句，即仆与君相知始也，载重逢；书以识也。"

据说，俞樾30多岁时在紫禁城保和殿应礼部试，试卷中有诗题《澹烟疏雨落花天》。俞樾依题作诗，答卷首句有"花落春仍在"之句，深得主考官曾国藩的赞赏，认为此句咏落花而无衰飒之气。与小宋《落花》诗意相

曲园 曲水亭

似，用意积极，擢为第一，又亲题匾额，以志留念。

"小宋"指北宋文学家宋祁，他和哥哥宋庠（大宋）都有题《落花》诗。小宋《落花》诗有"将飞更作回风舞，已落犹成半面妆"之句，大宋《落花》诗有"汉皋佩冷临江失，金谷楼危到地香"之句。俞樾自己因这段特殊的际遇也很得意，所以在曲园中以此典故来作堂名。

对此时的俞樾来说，人生的春天并不限于仕途与功名，而是体现在笔墨纸砚之间，体现在没有是非曲直的自然山水之中，抛弃功名的羁绊，回归田园，才能切身感受到生活的闲适与温馨。

"春在堂"屏门上有板刻《春在堂记故事》，系俞樾自撰，俞樾门生、金石家、晚清兵部尚书吴大澂篆书，讲述了"春在堂"堂名的由来及俞樾与曾国藩的师生情谊，全文如下：

曲园玉兰花开

余自幼不工书，而进殿廷考试，尤重字体。士复试获在第一，咸疑焉，后知由曾文正公，时公以礼部侍郎充阅卷官，得余文，极赏之，置第一奉御。又以余诗有“花落春仍在”句，语同列曰：“此与小宋《落花》诗意相似，名位未可量也。”然余竟沦弃终身，负公期望。同治四载，余寓公书，述前句，且曰：“神山乍到，风引仍回。洵符花落之谶矣。然穷愁著书，已逾百卷，倘有一字流传，或亦可言春在乎？！”无赖之语，聊以解嘲，引以“春在”名堂，请公书之，而自为记。

俞樾将其生平著述，汇编成集，定名为《春在堂全书》。春在堂抱柱联是俞樾对自己的一生所作的概括性评价：

生无补乎时，死无关乎数，辛辛苦苦，著二百五十余卷书，流播四方，是亦足矣；

仰不愧于天，俯不怍于人，浩浩荡荡，数半生三十多年事，放怀一笑，吾其归欤？

曲园正宅居中，自南而北分五进，其东又建配房若干，与正宅之间以备弄分隔又相互沟通。其西、北为亭园部分，形成曲尺形的布局结构，对正宅形成半包围格局。正宅门厅和轿厅皆为三间，第三进为全宅的主厅，名“乐知堂”，为园内听事之所，取《周易》“乐天知命”之义，为全宅唯一大木结构建筑，是俞樾当年接待贵宾和举行生日祝寿等喜庆活动的场所。乐知堂建筑用料较为粗壮，里面的装饰也比较朴素简洁。

乐知堂西为春在堂，面阔三间，进深四界，堂后有隙地，俞樾时与夫人相度而成园，垒石凿池，杂莳花木。南面为“小竹里馆”庭院，馆南小院当年遍植俞樾好友彭玉麟所赠方竹，取王维辋川别业“竹里馆”之意，为当年俞樾读书和著书之处，匾曰“德清俞太史著书之庐”。

清光绪五年至光绪十八年（1879—1892年），曲园曾两度增修，在春在

曲园春在堂内景

堂南建小竹里馆庭院，遂有前后曲院之称。清光绪三十二年（1906年），俞樾于此病逝。

春在堂北突出一歇山顶小轩，名“认春轩”，以白居易“认得春风先到处”而得名。轩北杂植花木，叠湖石小山为屏，山径曲折，中有山洞蜿蜒。穿山洞曲折前行，山巅设置回峰阁，飞檐翘角，十分典雅，阁中的对联“春归花不落，风静月长明”系俞樾集《汉鲁峻碑》字联，抒情咏景，出句承“花落春仍在”之意，一反悲落花的传统主题，对句则讲月明风清的优美夜色，联语抒发的是乐观向上的生活态度和宁静淡泊的精神境界。

下山北行又出山洞，花木翳然，竹篱相间，东北隅为面阔两间的“艮宧”，乃是昔日的琴室，南有门通内宅。由艮宧沿着北廊西行，有书房三间，名为“达斋”，窗牖明丽。

出达斋沿廊南行，有一座小亭三面环水，池名“曲池”，亭名“曲水”，曲水亭亭柱上有联“诗兴似春多丽藻；斋心如水自澄澜”，引自杜甫“忆在潼关诗兴多”“丽藻初逢休上人”诗句。意思是说，春天的景物触发灵感，让诗兴大发，辞藻美丽；斋心如水，清澈平静。此亭“其下一小池，游鳞出复没”，在此不觉陶然忘机，可尽情体味人生的真谛。

池东假山上的回峰阁与曲水亭相对，假山中原有小门与内宅相通，亭南曲廊通春在堂。总之，曲园面积虽不大，但是建廊置亭，花木掩映，结构布局讲究曲折多变，颇有小中见大之奇。

1954年，俞樾曾孙、著名红学家俞平伯先生将曾祖故居曲园捐献归公，1963年曲园被列为市级文物保护单位。1980年5月18日，俞平伯、顾颉刚、叶圣陶、谢国桢、陈从周等知名专家学者联名致函国家城建总局及国家文物局，呼吁早日修复曲园，并开放作为旅游点。1982年，苏州市人民政府决定保护修复曲园，按原样修缮原则，对故居厅堂建筑进行维修，并派专人前往北京访问俞平伯先生，取得第一手资料，先后完成乐知堂、春在堂、认春轩、小竹里馆等建筑的落地翻建或换料拆建，重新制作了全部门窗、铺地、油漆，并新辟了入口半亭，点缀峰石花木。1985年，部分修复后的曲园由苏州市园林管理局移交市文管会管理。作为名人故居，曲园陈列俞樾生平事迹及学术著作，于1986年10月开放参观。

俞樾“曲则全”的人生感悟、“花落春仍在”的精神追求和“乐天知命”的人生态度，使他缔造的曲园从物质形态和精神内核都得以延续。园林中的曲与直来源于中国传统文化中的哲学思想，曲径才能通幽，委婉才能含蓄，屏蔽才能隐秀。而园林中曲与直是相对的，要曲中寓直，灵活应用，曲直自如。人生亦有曲直，生活有起落，其实都是人间好时节，在消逝的落花中，仍会看到春天的希望，正所谓大道至简，曲直有道，是非自存心中。

PART 09
耦园——日涉以成趣

“耦园住佳偶”的耦园三面临水，一面临街，至今依然有舟楫往来，映衬着小桥流水，尽显姑苏“人家尽枕河”的特色。耦园可以说是苏州最浪漫的园林。曾经，耦园的主人沈秉成和妻子严永华在这里归隐于市，恩爱白头，让耦园成为苏州人的热门婚纱拍摄地。不仅如此，园中还设有婚姻登记处，更是让甜蜜浪漫的气氛更加浓烈。

耦园一处宅子设东西两园的布局，是苏州园林中的一大特色。西园是书斋花园，东园则更加精致趣味，尤其以黄石假山最为出名。耦园始建于清朝初年，原名“涉园”，首任园主是清顺治年间保宁知府陆锦，几经易主后于清咸丰年间荒废，后被沈秉成购入。因在住宅的东、西两侧各建有一园，故名“耦园”。耦，从字面上的意思是指两人并肩而耕，且“耦”与“偶”相通，因此，园名本身就含有夫妇归田隐居的意思，对称式的建筑与其暗含易学原理的布局生动地阐释了耦园之“耦”，无论哪层意思来看，园名和立意都非常贴切。

沈秉成的第二任妻子是江浙才女严永华。夫妻俩志趣相投，在这里作诗弹琴，过着田园般的生活。东园亭墙上还刻着严永华所作的诗：“耦园住佳偶，城曲筑诗城。”

╳ 耦园

清雍正年间，保宁知府陆锦致仕归故里后在此地构建“涉园”，又名“小郁林”（今东花园），园名取自陶渊明的《归去来兮辞》“园日涉以成趣”，体现了浓浓的隐居之意。园林面积并不大，园中有观鱼槛、吾爱亭、藤花舫、浮红漾碧、宛虹杠等诸胜。曾一度被书法家郭凤梁租住，后又成为崇明祝氏别墅。

清咸丰年间，涉园毁于太平天国战争的兵荒与战火。清同治十三年（1874年），安徽巡抚署两江总督沈秉成因病寓苏，购得涉园废址，携妻归隐，聘请画家顾沄在旧园基础上进行规划设计，重修扩建为一宅两园的布局样式，形成今日耦园之格局。

清光绪二年（1876年），园林落成，建成后的园子易名为“耦园”，寓沈秉成夫妇偕隐双栖、啸吟终老之意。当时吴中的名士潘祖荫、李鸿裔、吴云、郑文焯、朱祖谋等经常来此园雅集，饮宴酬唱，摩挲古玩，一时风雅之盛。

沈秉成勤政爱民，在安徽巡抚任上就励精图治，任职法租界道台时更是受当地人尊敬。但是沈秉成在仕途上并不顺利，后因进谏而罢官，再加上遭受丧妻失子之痛，身心几乎陷于绝望之中。在这种情况下，他举家迁到苏州，以三千两银子买下了一个几乎废弃的园子“涉园”，稍加修葺便安顿下来。就这样，沈秉成在最失意的时候与最破败的耦园相遇。偌大的花园住宅三面环水，幽静安宁，是身心疗伤的好去处，一景一院一人终日与这座宅院相伴。

生活的惊奇之处或许就在于，你永远不知道接下来会发生什么。沈秉成在最失意的时候认识了才貌双全的严永华，那个小他15岁的江浙才女，

耦园 听橹楼

俩人结成了伉俪，从此同舟共济，相互扶持。耦园也渐渐地变为了“耦园住佳偶，城曲筑诗城”的耦园。

他们夫妻二人非常恩爱，“空明冰抱一壶清，一樽相对话归耕”，每一处耦园之内的景，都留着他们携手散步的影子，哪怕后来耦园损坏再建，时过境迁，遇到更多的主人，园林里的每一处园景仍然见证着他们夫妻二人的爱情。

只可惜，清光绪十年（1884年）沈秉成奉诏复出任职他省，全家随往，妻子严永华却在他复仕的路上病逝。清光绪二十一年（1895年），沈秉成回苏州治病，独自一人又回到了魂牵梦萦的耦园，最终卒于耦园。此后园内日渐破落，散为民居。1928年，教育家赵善昌曾居于此，同住的还有在省二女师任教的陈士弘、沈子期、章寅谷、章慰农，以及南京中央大学

耦园 山水间

耦园 城曲草堂

农学院院长汪启愚等。

耦园的西花园在住宅中轴线西侧，以书斋为中心分隔成前后两个小院，书斋名为织帘老屋，前面有宽敞的月台，南面院落呈不规则形状，西南角有一座假山，其余各处杂植花木，间置湖石。自主轴线上的大厅往东，经客厅及两重小院而至小客厅。再往东便是东花园，布局以山池为中心，以山为主，以池为衬，作为全园主题的黄石假山为苏州各园中较为成功的一例，叠石自然位置恰当，主体建筑是一组重檐的楼厅，名为“城曲草堂”。水阁山水间内的“岁寒三友”落地罩雕刻精美，规制较大，为苏州各园之冠。

小而精巧的耦园，宛如一个大家闺秀，婉约却不失气场。在小桥流水与浓郁的树荫下，在质朴的农家墙院里，总萦绕着隐于市井之中的淡雅。

耦园 黄石假山

园主人摒弃了世间的纷扰，经营属于自己的一方天地，在园中汇聚了自然的精华，与爱侣、亲朋好友流连于把酒言欢、吟风诵月的风雅里。

如今虽然佳偶不再，但诗城依然，园魂犹在。游览耦园，穿梭在黄石叠山间，漫步在九曲石桥边，听一段吴侬软语的苏州评弹，一百多年前的温馨时光似乎并未走远。

PART 10

环秀山庄——半潭秋水一房山

环秀山庄位于苏州市景德路，园虽小但却极有气势，在中国造园史上有很高的地位。因为环秀山庄的湖石假山出自清代叠山大师戈裕良之手，不仅展示了传统造园艺术中精湛的叠山技艺，更是特色鲜明地折射出中国人的自然观和宇宙观，被公认为中国现存园林假山第一佳构。

环秀山庄

东晋时，黄门侍郎兼中书令（司徒）王珉在这一区域建宅，后舍宅为寺（唐陆广微《吴地记》、宋朱长文《吴郡图经续记·园第》），即“景德寺”。在南宋著名石刻《平江图》上可以看出这所寺庙具有相当规模，寺内还有塔。元末，景德寺毁于兵燹战乱，至明代洪武年间并入永定寺，五代时此地有钱元璙金谷园旧址。据说，北宋时朱长文“乐圃”也在此地，这是古代园林史上很有名的一座名人名园。朱长文著有《乐圃记》。元末，此地有张适所居“乐圃林馆”，但实际上这里的乐圃可能与环秀山庄在地域上并不相同。

明永乐二年（1404年），景德寺又被重建。后来这一寺庙的宗教气息已逐渐淡化，屋宇用作开设“学道书院”。明嘉靖二年（1523年）寺废。明嘉靖十一年（1532年），部分寺基改建为苏州东山人、大学士王鏊（谥文恪）的祠堂。明嘉靖三十三年（1554年）又短时间做过“督粮道署”，后又为“巡抚行台”“中吴书院”等。万历年间，内阁首辅申时行退隐后，在苏州建宅园、家庵等8处，分别以金、石、丝、竹、匏、土、革、木为名，此处即为其中之一。

清朝初年，申时行的后代子孙申继揆对宅园加以扩建，取名为“蘧园”，园中建“来青阁”，并养鹤作伴。每宴宾客，双鹤迎门，坐定行酒，双鹤展翅共舞，和鸣久之。魏禧为之作《蘧园双鹤记》，颇有点神仙所居的感觉。康熙年间，为阳（北）山“富甲三吴”的大地主朱鸣虞宅，入口小弄名为“阳山朱弄”，适园处归巡抚慕天颜所有。

清乾隆时，园归刑部员外郎蒋楫（字济川）所有，其重葺厅楼轩阁，建“求自楼”五楹，作为自己的藏书楼，以贮存其所藏经籍，并于楼后叠石为小山，掘地三尺余为小池，得古甃井一口，有泉流出，水清而醇，以苏东坡《试院煎茶》诗中“眩转绕瓯飞雪轻”之句，题为“飞雪泉”，遂初

环秀山庄

具林园山池泉石之雏形。翰林蒋恭棐作《飞雪泉记》。蒋恭棐为清康熙六十年（1721年）进士，曾修《苏州府志》。乾隆的宫廷画家徐扬所绘《姑苏繁华图》，在相当于今天环秀山庄的位置能看到一座园林，树丛中露出八角亭，透过树梢可以看到假山。

清乾隆末年，太仓人、尚书毕沅任陕西巡抚时，购得蒋楫宅园及慕天颜园东部两处宅园，引泉叠石，种竹栽花，建“适园”，计划作为老年退养之所。后毕沅受和珅案牵连而获罪，家产抄收没官。其眷属无处寄身，幸得益于园附近另有家祠。按例建有家祠不入官，因此一家老小尽住祠中，其后裔直到20世纪60年代尚在。当时女诗人胡智珠作《题壁》一绝咏其事：“清池峭石古亭台，深锁园扉昼不开。此日恰逢摇落后，花时悔我未曾来。”

环秀山庄

后园为文渊阁大学士孙士毅所得，并传至他的孙子孙均（字古云）。孙均，世袭伯爵爵位，是一个工篆刻、又善绘花卉的风雅之士，中年奉母南归，寓苏州，所交之友多名流，园中极文酒之盛。

清嘉庆十一年（1806年）前后，孙古云请来当时的叠山大师常州人戈裕良为山庄造景。戈裕良（1764—1830年），字立三，江苏常州武进人，古代著名的叠山大师。戈裕良家境贫寒，年少时为生计帮人造园叠山，好钻研，师造化，能融泰、华、衡、雁诸峰于胸中，所置假山，使人恍若登泰岱、履华岳，入山洞疑置身粤桂。他曾创造“大小石钩带联络如造环桥法，可以千年不坏，要如真山洞壑一般”的叠山方法，不仅山体自然逼真，还能使假山浑然一体，可坚固千年不败，驰誉大江南北。他最早的作品在嘉庆初年，最晚的作品到道光初年，是清代继张涟以后又一位出类拔萃的造园叠山专家。

环秀山庄的总面积为三亩，前面为厅堂，后面的园林面积仅约一亩，规模极为有限，园外又无景可借，造景难度非常大。但就是在这么小的空间内，戈裕良却能另辟蹊径"小中见大"，在书厅前叠筑一座将自然界的险峰佳境、千山万壑浓缩于方丈之间独步江南的假山，环秀山庄因这座假山而扬名于天下。戈裕良目前存世的作品仅有苏州环秀山庄和常熟燕园两处假山。

环秀山庄 戈裕良假山

清道光二十六年（1846年），苏州望族、道光二十一年同登进士的汪藻、汪堃叔侄购田1000多亩，连同先前族人筹捐的八千两银子，买下这处房屋，开始筹建义庄。

清咸丰元年（1851年）汪藻之父汪祥芝又筹捐1300多亩地，钱32500文，连之前所筹钱款修建耕荫义庄（一般称汪氏义庄）和汪氏宗祠，冯桂芬为之作《耕荫义庄记》。重修位于义庄东偏的花园“颐园”，民间又称为

“汪园”，因园中大厅面山，名为“环秀山庄”，日久遂以堂名来称呼园名。1918年，汪氏族人昆曲家汪鼎丞邀金松岑等三五友人游园，在园中觞咏度曲，并请金松岑撰《颐园记》，后由章钰书，周梅谷分刻于二石之上，当时假山、涧瀑俱存。

1921年7月，著名历史学家顾颉刚游览环秀山庄，“……向闻此山为倪云林所叠，予以丘壑不凡，甚信之。今年复往，读壁间金天翮记，始知为百年前毗陵戈裕良所叠。谓戈君既叠成，乃自诧嘉狮林而上之”。

1936年9月，建筑学家刘敦桢、梁思成来苏州调查古建筑，进园后曾有这样的记述：“自庄门经通道，至东北隅，有门西向，门内建方亭，下为小池一泓，横亘南北；池东假山峥嵘直上，纯用大劈法，其下折为幽谷，深窅婉转，势若天成；池北复构敞轩，一径蛇蟠，经小亭，导至山巅，深树参差，蓊郁四合，几忘置身尘市中。”

新中国成立后，园内仅存山、池及建筑“补秋舫”，其余全部颓毁，园外东面义庄部分则成为空地。苏州市园林修整委员会对年久失修的假山进行抢修，使其不坠，后又对环秀山庄假山和园内的部分建筑作了维修，疏通泉眼，清理水池，重砌驳岸，并重建了“半潭秋水一房山”亭。

环秀山庄占地面积不大，园景以山为主，水池辅之，可算是一座以人工假山之景为主的古典园林。园内建筑不多，但高低起伏、疏朗有致，布局上利用园内有限的面积，以别出心裁的方法将各种造园要素进行组合，地形上做到了山水相依，咫尺之地显示出深山幽谷之意境，因此具有独特的艺术特色。

被誉为“苏州三绝”之一的假山基本保持了原来的面貌。这座有名的湖石假山占地虽仅有330平方米，但是在咫尺之间，千岩万壑，环山而视，步移景易，虽由人作，宛自天开，尽得造化之妙，堪称假山之珍。主峰突

环秀山庄

兀于东南，次峰拱揖于西北，池水缭绕，绿树掩映。据说在堆叠拼接的手法上，借鉴了石涛等山水画家的皴法，使得石缝更似中国传统山水画中山石的纹理，几乎看不出拼缝，浑然天成，显示了中国传统叠山技艺的精巧。

清末民初国学大师金松岑曾在《颐园记》中赞叹："凡余所涉匡庐、衡岳、岱宗、居庸之妙，千殊万诡，咸奏于斯！"后来的建筑学家刘敦桢先生曾有这样的评价："就艺术水平言，苏州湖石假山当推此为第一"。园林学家陈从周亦称誉道："环秀山庄假山允称上选，叠山之法具备。造园者不见此山，正如学诗者未见李杜，诚占我国园林史上重要一页。"

环秀山庄的精巧不只局限于假山，假山顶上的"半潭秋水一房山"，长廊中5个造型精巧的漏窗，补秋舫后两座瓶状的月洞门……处处都体现出巧夺天工的造园艺术和高妙深远的园林意境。于方寸之地再造乾坤，小到极致却又浓缩了苏州园林的造园精华，这大概就是环秀山庄被称为“吴中园林最杰出者”的原因吧。

PART 11
艺圃——城市山林

有人说，如果拙政园是大家闺秀，那艺圃就是典型的小家碧玉。艺圃在精彩纷呈的苏州园林中其实并不惹眼，面积也不算大，既没有拙政园的喧嚣，也没有狮子林的人头攒动，但却仍然保留着清幽雅静的氛围，精致异常。历代园主人的品性也体现在园林的格局和风貌之中，疏朗开阔的空间，山石流水、水榭回廊，见山临水却没有一丝华丽的堆砌，清雅便是这园子的独有格调。

艺圃前身是明代学宪袁祖庚于明嘉靖年间所建的醉颖堂。袁祖庚（1519—1590年），字绳之，江苏长洲（今苏州）人，明嘉靖二十七年（1548年）进士，官至浙江按察副使（考核官吏、管理司法的官）。他为官清正，克己奉公，因为受到官场排挤，流言中伤，在其40岁之后辞官回乡退隐，在苏州择地建造宅园，初名“醉颖堂”。“醉颖”即醉笔之意，醉颖堂意思就是饮酒作诗之堂。

他在园林的入口处悬挂匾额“城市山林”，过着隐士一般的生活，与袁抑之、陈子兼等好友觞咏其中。当时的醉颖堂现已无法考证，只能说其原址位于今天的苏州艺圃附近，其风格并不雅丽，但却是园主人为自己建造的一方理想栖居之地。

艺圃

明万历末年，第一任园主人袁祖庚去世之后，这个园子便归苏州的文氏家族所有，主人是文震孟，吴门画派领袖文徵明的曾孙，著名文学家文震亨的哥哥。文震孟是明天启二年（1622年）的状元，官至礼部左侍郎兼东阁大学士，相当于现在的外交教育考试部门的领导和皇帝的老师，足可见其学问和能力。但古代的文人似乎都有一种清高的脾气。文震孟因为奏劾王永光，与上司温体仁不睦，被弹劾落职，罢官后回到温山软水的苏州老家，居住于城市山林中，经营着自己的一方天地。艺圃当时的名字叫"药圃"，意思是种植香草的园圃。香草象征着品性高洁的君子气度，其中或许有治世的良方。这或许正是园主人的精神追求。

文氏兄弟时期的药圃与今天的艺圃不太一样，虽然并没有此时期相关的园记和画作面世，与之相关的文字记载也并不多，但是根据这少量的文

艺圃

字记载，仍然能够想象出当时的园景风貌。

园林布局简练开阔，里面有一方5亩左右的池塘，池塘南部的假山高耸，水池里还有一座亭子，池北并没有今日的水榭延光阁，而是主堂所在。主堂前种有5株大柳树，“五柳”寓意陶渊明。可见，晚明时期的文人向往着魏晋时期的自由开阔，归隐田园。

从明万历年间到崇祯年间，文震孟罢官又复职，后又罢官，崇祯九年（1636年）病逝于家中。文震孟一生酷爱《楚辞》，颇有自比屈原之意。八年后清军入关，他的弟弟文震亨为大明殉国，绝食而死。后人将艺圃外面的弄堂命名为文衙弄，也是为了纪念文氏家族。

清顺治十七年（1660年），文氏药圃被山东莱阳人姜埰购得，改称“颐圃”，又名“敬亭山房”。姜埰是明末任礼科给事中，明亡后以明代遗民自

艺圃 博雅堂

居，不事清廷，园中建有东莱名堂，寓意其不忘故乡。后其子姜实节也继承父志，终身不赴科举，把园子进行拓建并筑造“思嗜轩”以寄托怀念之情。因其父非常喜欢园中的枣树，姜实节将园林更名为“艺圃”。画家王翚作《艺圃图》描绘园景，文学家汪琬也在《艺圃记》中记述了园中景物。

清道光十九年（1839年），商人胡寿康、张如松为创建丝绸同业会馆而购买了此园，将会馆称为“七襄公所”，“七襄”指的是织女星，出自《诗经·小雅·大东》“跂彼织女，终日七襄，虽则七襄，不成报章”，名字起得非常文雅、贴切。

民国初年，艺圃的主人由于经济问题，将园内的房屋出租，而后这里逐渐成为民宅。20世纪50年代，艺圃进行过一次整修，70年代末艺圃被列为苏州市古典园林修复规划项目，在修葺时按照“修旧如旧”的原则，布局、风格恢复为明末清初的旧貌，1984年艺圃修复竣工后正式向公众开放。

艺圃作为一座历史名园，为苏州园林中典型的宅园格局，较多地保存了明代园林的风格、布局和造园手法，以简练疏朗、自然质朴的风格取胜，取法自然而又力求超越自然。园景开朗幽致，构筑精巧，池水、石径、假山石壁相结合，既多变化又较自然，水面显得开阔流动，无拥塞局促之感。

艺圃展现了明末清初苏州一带造园家常用的叠山理水方式和手法，从总体上的山水布局，到亭台楼阁的样式，再到一石一木的细部处理，无一不折射出古朴典雅的苏州造园风格特征，同时以凝练的手法，勾勒出中国传统造园的基本理念和意旨，可称为明代住宅园林中的佳作。

艺圃内每一个景点都有雅致的名字，每一处景物都有艺术的哲思。入得园内即可得见的乳鱼亭，是一座小巧玲珑的四角亭子，静静地立于水岸。乳鱼是指很小的鱼，宋人王禹偁《诏臣僚和御制赏花诗序》“观乳鱼而罢钓”，透露着怜惜幼鱼的情感。亭中逗鱼喂食，平添几分雅趣。

艺圃是现存园林中为数不多的明代遗构，梁枋上还有独具特色的彩画。贴水而建的“渡香桥”，意为踩着香气过河之桥。人行其上，如临波踏水，连成一片的荷叶挺立在宁静的水面，桥下水流潺湲。

顺着渡香桥即可到对岸的浴鸥池，一座典型的园中之园。“浴鸥池”意为鸥鸟洗浴之水池。文震孟的弟弟文震亨是一个对造园很有造诣的文学家，在其著名的《长物志》中论及水石之景时写道：“阶前石畔凿一小池，

艺圃 乳鱼亭

艺圃 浴鸥池

必须湖石四围，泉清可见底，中蓄朱鱼翠藻，游泳可玩。四周树野藤细竹，能掘地稍深，引泉脉者更佳”。浴鸥池基本上就是按照这般描述来进行建造的：有活水引入池中，水中有朱鱼翠藻，岸边有藤树环绕，可谓是景深如画，同时也揭示出园主人以隐居自乐，不以世事为怀的情愫。

艺圃是苏州本地人最喜欢去的园林之一，繁忙的工作之余，去艺圃中随便坐坐、品品茶、聊聊天、看看书，或者什么都不做，就这样单纯地静坐于园中，自在地倚栏欣赏那一方古亭、一片莲荷、一池游鱼，也自有一种生活的闲适意趣。入眼处满是荷花优雅的倩影，锦鲤在荷下争食，亭中的几位老人，闲闲地聊着琐事……这时节，怎一个清闲自在了得。

艺圃 茶室

PART 12
退思园——退思补过

退思园位于苏州吴江的古镇同里，是苏州园林中比较特别的一座。园内将水作为主体，江南园林的楼台亭阁、廊舫桥榭、厅堂房轩等建筑均贴水而筑，形成了漂浮在水中的景观效果，春夏秋冬，各景俱佳。

退思园始建于清光绪十一年至十三年（1885—1887年），园主人为曾任安徽按察使的任兰生。任兰生出生于清道光十七年（1837年），其家族自明代初期就开始居住在苏州同里。12岁时，任兰生跟随父亲赈济饥荒，心怀天下，办事利索有章法。他多次参加科举考试均落榜，后来进入安徽军营，因为深入前线参与剿灭起义的捻军，一直升至正三品官员。清光绪五年（1879年），任兰生任凤颍（阳州）六泗（安州）兵备道，政绩斐然，后遭内阁学士周德润弹劾“盘踞利津，营私肥己”和“信用私人，通同舞弊”。后朝廷派人调查，虽然这两条罪状查无实据，但却以任兰生留用一名被革职的小官而将其革职。因任兰生在位时的确做了不少好事，受到治下百姓的爱戴，据说离开时，安徽当地的百姓为之流涕送行。黯然回乡的任兰生，历时两年修建了退思园。

1888年，黄河决堤，山东巡抚张曜和曾国藩保举在退思园悠闲度日的任兰生，刑部员外郎孙家恽及200余名凤颍六泗地方绅士也联名吁请为他复

退思园

职，并筹银8000两为他报捐道员。得到朝廷批准后，任兰生又回到安徽任职，后紧急奔赴安徽的抗洪第一线，“周历灾区千百余里，冒雪奔驰，问民疾苦”。据任兰生《神道碑》记载，他在抗洪时不慎从马背上摔下来，“疽发尾闾，未几竟卒”。还没有来得及在自己精心设计的园林中享受太久的任兰生病逝于颍州任上，终年51岁。任兰生在弥留之际，把部下请到病榻前，所问皆是水灾之事，而“无一语及家事”。

一般认为园名“退思园”是取自《左传》中“林父之事君也，进思尽忠，退思补过”之意，当然也有人认为此园名出自儒家经典著作《孝经·事君》，其中引用孔子所说的“君子之事上也，进思尽忠，退思补过，将顺其美，匡救其恶，故上下能相亲也”。意思是贤德的臣子，在朝时应对君王竭尽忠心，退下来应考虑自己的职责，补君王之过失。这里的“退

退思园

思”补的并非自己之过，而是替君王弥补过失。

建园时，任兰生正值贬官归乡之时，思想上应该有韬晦之意，表示反思自己之过，表白报效君王，效忠朝廷之志。其弟任艾生在哭兄诗中有“题取退思期补过，平台花木漫同春”之句，可佐证此种取园名之意。

退思园的设计者是当时同里本地的画家和造园家袁龙，他将春、夏、秋、冬和琴、棋、书、画等全部融入退思园中。袁龙（1820—1902年）一名汝龙，字怡孙，号东篱，一号老枵，又号瘦倩氏。他幼承家学读书，为诸生而不应乡试，擅书画，工诗文，富藏书。他自建小园名为“复斋别墅”。据传其以粉墙作纸，叠石种竹，远看山石壁立、行影婆娑，酷似倪瓒的平远小景。袁龙在宅园中授徒作画，诗词会友，结为“复社”。袁龙为清末苏州府的高士，善词曲，著有《复斋集》存世，也是当地的著名画家，自称“隐君子”，是一位不折不扣的隐士。

退思园结构上与一般苏州园林有所不同，为东西横向排列，呈现出西宅、中庭、东园的格局，是江南园林的孤例。退思园大门坐西，宅、庭、园随着一进进院落，沿一轴线依次向东扩展。院落间互有月洞门承接，每

退思园秋季风光

进一处院落，便更贴近宅第的核心区域，正合上那句古语——渐入佳境。

全园以水为中心，亭台楼阁皆贴近水面，所以园林大师陈从周称之为“贴水园”。水池北岸的退思草堂是全园的主要建筑，也是主人观鱼、赏月、纳凉的好地方。过草堂往东有一座琴房，临近水面、窗前倒影、琴声轻扬、飞鸟掠水、柳枝拂面，顿觉生出无限诗情画意。琴房旁有三曲石桥，桥上架有紫藤花棚。过桥设有一座假山，山中有幽洞，过山洞曲折盘旋而上，便进入了“眠云亭”。亭为居高而筑，视野很好。

由亭沿山路蜿蜒下山，在眠云亭的南面，水池东南角有3间贴水而筑的小轩，名曰“菰雨生凉”。“菰雨生凉”之名取自宋代姜夔的词《念奴娇》中“翠叶吹凉，玉容销酒，更洒菰蒲雨。嫣然摇动，冷香飞”之句，可见任兰生对姜夔的词非常喜爱。

退思园冬景

“菰雨生凉”轩中还有一副对联，是任兰生的好友彭玉麟劝诫园主人的楹联“种竹养鱼安乐法，读书织布吉祥声”，意思是让园主人安度晚年，享受生活的乐趣。园中还有《归去来辞》碑拓，壁立于退思园草堂的后厅内，碑文为元代大书画家赵孟頫所书，其中的隐居意味不言而喻。总而言之，这座小园中时时含着退，处处藏着隐。

出“菰雨生凉”小轩，绕轩后的湖石假山拾级而上，对面有“辛台”。小轩和辛台之间由一段复廊相连，中间架有天桥，桥上漫步豁然开朗，为退思园增添了一种堂皇雅致的色彩。

辛台是一座两层的小阁，具有典型的江南民居建筑风格，与退思草堂隔水相望，是园主人读书之处，命名取“辛苦读诗书”之意。辛台旁有一舫形建筑停泊于水池中，这就是江南园林中著名的“闹红一舸”。因波荡而

退思园 闹红一舸

退思园 荫余堂

似舸行，因红鱼穿游而显舟动，故为“闹红”。其造型简洁，不事雕镂，船舱漆成暗红色。

石舫是典型的园林建筑，有不系舟之意，引申为隐居之意。湖石托舸、碧水半浸、水流穿石、潺声贯耳，船头一簇簇红鱼游动，船旁的太湖石恰似云朵，仿佛这石舸正载着踌躇满志的园主人凌云进取，乘风破浪……

中部庭院中的岁寒居，是园主人平常的待客之处。任兰生将自己和彭玉麟、左宗棠三人看作是“岁寒三友”。岁寒居还有另外一层意思，坐在其中，透过花窗可以看到园中遒劲常青的苍松、劲节坚毅的翠竹和凌寒而开的梅花，就像一幅立体的尺幅之画。岁暮风雪之时，更可以感受独特的冬日园居意蕴，感受到优雅的花木之美和深邃的传统植物文化。

退思园虽处苏州城外的古镇之中，却集晚清园林之长，小巧精致、清淡雅宜、亭台掩映、趣味横生，堪称江南古典园林的经典之作，同时以其深刻的文化内涵，连接着古镇同里源远流长的历史和文化，给人以遐思和启迪。

1986年，美国纽约的斯坦顿岛植物园中就以退思园为蓝本，建造了一座面积3850平方米的江南庭园，取名“退思庄”。2001年，退思园与狮子林一起作为补录的苏州园林被列为世界文化遗产名录，续写着中国古典园林的辉煌。

园中漫步，渐悟退思主旨，贴水而思，更觉退隐真意。人生在世，不妨且退且思。

第三章

雅逸长留佳构间

园林是古代文人雅士的天堂，无论是居庙堂之高，还是处江湖之远，他们心中或许都存了回归自然的栖居理想。中国独特的隐士文化和隐逸思想，是园林建设和发展的重要内在推动力，也在一定程度上丰富了传统园林的文化内核。诗情画意的园林，承载了诗意栖居的理想，也寄托了隐逸精神的情怀。辟一方轻松惬意的自然佳境，让自己适当慢下来，感受花开花落，鸟语蝉鸣，这或许就是长留天地间的人居理想。

苏州园林　写在城市山水间的诗

PART 01
园林中的诗意生活

苏州园林，是对江南山水景致的呈现，更是对归隐仕宦精神内核的体现，人工景观、自然意趣、文人情怀在园林中得到了完美地结合。

“未成小隐聊中隐，可得长闲胜暂闲。”苏州的大部分园林，建造伊始都与园主人的仕途失意，赋闲在家有关，所以苏州园林与中国传统士人文化中的隐逸思想有很深的渊源。

沧浪亭

隐士文化与隐逸思想

“隐士”文化也是独特的中国传统文化。“隐士”一般是指隐居不仕之士，而只有那些能保持独立人格、追求思想自由，不委曲求全、不趋炎附势，具有超凡才德学识，并且是真正出自内心而不愿入仕的隐居者，才能被称为隐士。

《论语·子张》中孔子提出“学而优则仕”，受此影响，士人将“出仕”作为自我理想实现的最好方式。有能力、有机会出仕却因故不仕，便被称为“隐”，这些选择不仕的知识分子，或终身在乡村山野渔樵耕读，或遁迹于红尘俗世、市井江湖，过着逍遥自在的生活。

古代的隐士为什么会受到推崇，这与隐士文化中蕴含的隐逸思想有很大关系。

在中国思想文化发展史上，“隐逸”是中国古代封建士大夫的一种人生态度与处世方式，其生存、发展更多地受到老庄思想的影响，与佛教、道教也有关系，与主流的儒家思想则不甚密切。在漫长的历史发展过程中，中华文化中逐渐形成了“尚谦让、行中庸、薄名利、鄙财富”等精神追求，这些都有助于“隐士”思想的形成和发展。

这些内在的思想内容受到推崇而绵延不灭，即使在现代社会经济和文化条件已没有“隐士”生活的环境，“隐士”思想仍未完全湮灭，归隐田园、不问世事的理想仍为很多人所憧憬。

某种程度上说，隐逸既是一种文化现象，也是一种生存方式。隐士作为集智慧、才略于一身的有才干之人，是一个特殊的社会群体，更是一种特殊社会语境的产物。

在古人的眼中，自然界中天、地、人三者虽各有其道，但又是相互对

明·仇英《独乐园图》

✕ 耦园

应、相互联系的。“天人合一”思想追求人类和自然共存的大智慧，其中蕴含着人与自然之间的紧密关系，这也是中国传统思想和文化的重要纲领。而园林的产生、发展与“天人合一”的哲学思想、“天人之际”的宇宙观有很大关系。

自然界中主要的环境因素就是山和水，当然也包括动物和植物等，这些元素是人们认识和改变世界的过程中直接感受到的自然外物，在古人尤其是文人眼里，大自然的山水是最真的内容，他们在认知和游历自然山水中获得丰富的感知。隐逸思想的流行更是促进了古代文人对自然山水的认同。因为离开繁杂和喧哗的城市，人与自然物有了更近距离的接触，在充满生机的自然中能够更加深刻地体会到“仁智之乐”“山水方滋”“有若自然”等审美体验。

中国大地钟灵毓秀、风光旖旎，吸引着历代文人墨客诗词吟咏、丹青描绘，留下了不朽的文学和绘画作品。不仅如此，灵秀的自然山水还被赋予了深层次的思想内涵，由此积淀了深厚的文化内涵。

对自然山水的审美体验以某种抒情的方式进行表达，主要是通过山水诗和山水画。中国传统文学中的诗歌创作往往采用象征、隐喻、抒情、拟人、对比等文学创作手法，写意地表现大自然中的优美景象，如山川、河流、树林等，这就形成了山水文学永恒的艺术主题。

以自然山水风貌为主要描写对象的山水诗的开创者为东晋诗人谢灵运，之后有谢朓、陶渊明、王维等，他们的行为和作品透露出浓浓的隐居之意。山水诗通过文字的组合模山范水，对自然山水形象和自然景致准确地捕捉，细致地描写，同时把描写自然景物和抒发感情结合起来，开创了中国山水诗的独特韵味。

谢灵运常常流连于山水之间，他写的“密林含余清，远峰隐半规”，“鸟

拙政园

鸣识夜栖，木落知风发”，“池塘生春草，园柳变鸣禽”，“野旷沙岸净，天高秋月明”，都是在描写旷达野逸的自然情趣，反映出诗人对自然的感悟和理解，由自然形象转而迁想到人生的嗟叹，以景启情。

陶渊明则将山水诗文的创作推向高峰，其中蕴含的隐逸思想对后世影响深远。他厌倦了官场的争斗与倾轧，追求超然世外、平淡中和，向往回归田园的生活，山水自然、花草树木等形象在他的诗歌中情真意切。“久在樊笼里，复得返自然”，“时复墟曲中，披草共来往”，陶渊明将当时的社会形容为禁锢自由的“尘网”和“樊笼”，把自然中的山水田园看作是自在悠游的理想之所。他的代表作品《桃花源记》更是描绘了一处为后世景仰和矢志追求的人间天堂。

除了山水诗歌和相对应的山水文学作品之外，传统的山水画亦是以自然山水为描绘对象，足不出户欣赏山水画也被称为“卧游”。

中国山水画经历魏晋南北朝和隋唐的发展，逐渐成为中国传统绘画的主流。传统山水画的审美情趣更多地通过客观具象的山水形象表达抽象的观念和思想。这是在对“道法自然”感悟过程中形成的一种情感形式与生命体验。“外师造化，中得心源”。唐代画家张璪关于山水画创作的这一名句，概括了山水形象与画家创作的互动关系，成为中国传统绘画创作中一项极为重要的创作原则。

南北朝时期画家宗炳在其《画山水序》中说：“山水质有而趣灵，以形媚道而仁者乐”，自然山水不仅以单纯的物质形态存在，还包含着丰富的意境变化，充满灵气的韵味和无以穷尽的诗情画意。因此，画山水画的目的并不是为了再现自然物象，而是出于内心表达的需要，体现内在的精神意趣。“唯当澄怀观道，卧以游之”。亲身游历固然好，但山水画的艺术表现可以替代真山真水的自然之美，有“怡情悦性”之功用，通过观赏山水画对风景“卧而游之”。所谓“见青烟白道而思行，见平川落照而思望，见幽人山客而思居，见岩扃泉石而思游”，这对后世的山水绘画和古典园林艺术发展产生了深远影响。

寄情山水与崇尚隐逸，两者具有密不可分的关系。很多山水诗中表达了对田园归隐的追求和向往，其本质就是一种隐逸思想的文字呈现，在很多山水画中更是直观体现出隐居的理想。山水诗和山水画中反复描绘的山石竹树形象，已经成为一种符号式的表达，寓意着人的高贵品德和高洁情操，形成了一种独具特色的“江山高隐”的山水意象。

古代的隐士高人本质上都是文人，他们游于大自然之中，居于山水之中，对自然界的山水有了更深的认识和体验，在近距离观察自然的时候，“觉鸟兽禽鱼自来亲人”。这种对自然的理解和体验更是对后世产生了深远影响。

明·仇英《春山吟赏轴》

隐逸在园林

可以说，隐逸思想引导着古代文人雅士对自然山水的再认识，由此形成了士人们游山玩水品鉴山水的浪漫风习，历久而不衰。当大自然以一个广阔无垠、奇妙无比的生态环境和审美对象呈现在古人面前，历代文人雅士一方面通过寄情山水的隐居活动取得与大自然的协调，另一方面又建造园林这种人工化的自然环境，营造“师法自然”的理想居所。

隐士文化和隐逸思想在我国传统文化中由来已久，是中国古代士大夫阶层处世现象的明显表征，对中国社会文化的影响可谓广大而深远。《道德经》中有关于大隐、中隐和小隐的表述，“小隐于野，中隐于市，大隐于朝”，提出了关于隐居的不同层次，这种观点影响了很多文人的选择。看破红尘隐居于山林只是形式上的“隐”而已，而真正达到物我两忘的心境，反而是能在最世俗的市朝中排除嘈杂的干扰，自得其乐，因此隐于市朝才是心灵上真正的升华。后人也有很多对隐居形式的思考，唐代诗人白居易就提出了自己关于隐居层次的观点。

白居易在著名的《中隐》诗中阐明了其主张的“中隐”思想：“大隐住朝市，小隐入丘樊。丘樊太冷落，朝市太嚣喧。不如作中隐，隐在留司官。”诗中白居易所谓的“中隐”，在家园建造上强调“城市山林”，在处世态度上追求“隐”与“仕”兼具，或者说是亦“仕”亦“隐”。这其实是一种相对折中的追求，能够左右逢源、进退自如。正如唐代诗人刘禹锡在《陋室铭》中所说：“山不在高，有仙则名，水不在深，有龙则灵”，君子居于普普通通的陋室，因为德馨的缘故，谈笑有鸿儒，往来无白丁，兼顾了隐居与入仕的要求。

作为中隐的选择，简简单单的生活居所，自由自在，不必远足而得山

元 · 赵孟頫《书山水》

林之乐，确实是两全其美的选择，这种思想影响了后世，园林建造也由此与中隐思想密切相关。

园林作为人工建造的第二自然，是在城市内或近郊的咫尺之地再造乾坤，将大自然的美景浓缩在居室的庭院中，这样可以在闹市中得山林之趣，不必远涉出行就能感受到自然的美好，而这本身与隐逸思想的发展有很大关系。可以说，园林的主人为自己营造了一处物质和精神的双重理想家园，能够在生理上和心理上都得到满足，非常契合士人中隐的现实需求。

皇家园林是最早出现的园林类型，其中没有也不需要所谓隐逸思想。私家园林产生自西汉时期，但早期的私家园林都是在模仿皇家园林。魏晋时期，社会动荡但是文化繁荣发展，名流隐士寄情山水，享受山水之乐成为精神生活的重要内容。此时出现了名流隐士营造的田园山居风格。

唐宋时期，以白居易中隐思想为代表，文人参与造园蔚然成风，私家造园赋予了更多的诗画情趣，文人园林出现后的私家园林中隐居的意味更明显。明清时期，私家园林在环境营造方面更多地体现地域文化，同时将实用功能与精神功能相融合，文人士大夫等社会阶层依园而居，挥毫泼墨、作赋吟诗、歌舞观戏、禊赏雅集，形成了具有一定隐居意味的独特园居文化。

居住环境是古代士大夫文化艺术活动最重要的场所，核心是士大夫独立人格精神的追求，在雅好山水的共鸣中得到强化。士大夫通过造园实现自己精神的满足和人格的完善，在园中，心性可以得到充分的净化和升华，仕途失意者在园林中能体会到自己阶层理想的和谐境界。三国时期应璩《与从弟君苗君胄书》写道："逍遥陂塘之上，吟咏菀柳之下，结春芳以崇佩，折若华以翳日。弋下高云之鸟，饵出深渊之鱼……何其乐哉。虽仲尼忘味于虞韶，楚人流遁于京台，无以过也。”可以看出作者理想的生活，山水之间的悠然逸致，能超然于孔夫子和楚国千乘之君。园中宛如“世外桃源”，走在曲径通幽的小道会让人超然脱俗，不挟世间杂念。

文人居住在园林化的宅院之中，利用诗歌、绘画等记载、描绘园景，逐渐上升为生活艺术化的境界，从精神层面得到心灵上的满足，后人在此基础上继续丰富完善，不断重复这个居住环境升华的过程。

身在园中，远离喧嚣，一个“隐”字承载着千年的隐士情结，写在山间，流于水际，隐在心头。在这样的生活和情调中，园林是一种向往，更是一种精神寄托。

唐末五代时期前蜀诗僧写诗，“崆峒非凡乡，蓬瀛在仙籍。无言从远尚，还思君子识”，皇甫冉有诗“世事徒乱纷，吾心方浩荡。唯将山与水，处处谐真赏”，从中可以看出，自然和山水园林在士人生活和人格价值里有了全新的意义，这些观点也反映在后世文人营造的园居环境中。

隐逸文化的目的可能在于保障士大夫相对独立的社会理想、人格价值、生活内容、审美情趣等。隐逸文化发展初期主要集中在出与入、仕与隐的矛盾。

作为不仕的代表人物，东汉隐士仲长统在《乐志论》中写道，“使居有良田广宅，背山临流，构池环匝，竹木周布，场圃筑前，果园树后”，表达了一种居住理想。魏晋之际的竹林七贤是隐逸文化的代表，他们在游赏园林中逍遥无碍、俯仰自得，但实际上他们也并没有达到真正超脱矛盾的那种境界，最终竹林七贤以嵇康被司马氏戮于东市而结束。

由此可见，园林既是士大夫隐逸的基本条件，也是隐逸文化全面发展的基础，没有士大夫阶层对相对独立地位的追求，园林的发展就失去了基本的动因。

ㄨ 明·戴进《春游晚归图》

在幽静的园林中生活，隐居似乎是一种潜意识里的无奈，但却于无奈中赋予了一定的诗意，隐而不迂、古而不腐、逸而无拘，只是文人雅士独辟蹊径地用另一种方式探求生活的意义，借山水逸情来抒发自己的情感。“何必丝与竹，山水有清音”。这里的“隐”，非愤世嫉俗，也非怀才不遇，更不是颓废和消沉，而是传统士大夫陶冶情操、修养品德的境界。归隐或许只是文人为追求理想而“遁世”的想法而已，或许，他们要的只是一个清幽静谧之地，又或是向往这里的湖光山色和山水清音。

暮色苍苍，行舟归来的樵夫走进竹篱茅舍，升起炊烟袅袅。夜幕初降的园林中一片寂静，月光如水。淡淡的月光下，清风徐来，树影摇曳……

苏州园林的隐逸文化

苏州，在很多人眼里是一处理想的隐居之地。因此，从古至今，苏州出现了很多隐士，他们“或渔，或筑，或农，或圃，劳乃形，逸乃心”，“灌园鬻蔬，拙者之为政”“游于释而泳于老，学易老以忘吾年”，在历代文献中反映苏州地区隐逸文化的内容也非常多，尤其是从建造园林和隐居的关系角度来看，苏州园林中亦蕴含着十分丰富的隐逸文化。

尽管苏州园林被认为是以“隐逸”为主要文化内涵的私家园林代表，但大多数建造园林的人和后来居住在这些园林里的人，像苏舜钦那样只考虑居所之“近水远山皆有情”的是少数，大多园居之人可能更认同白居易关于中隐的说法，要考虑“门闾堪驻盖，堂室可铺筵”。

耦园的园主人沈秉成，曾经官至封疆大臣，夫妻志同道合，急流勇退，淡出官场，将家园命名为“耦园”，表示躬亲耕织的意思是假，践行“不隐山林隐朝市”的“中隐”思想是真，其所谓“草堂开傍阖闾城”也仅仅是说说而已。出于昔日身份和社交的需要，他们还是特地在东西两个花园中间建造了轴线分明、格局规范的“三进”一楼，这种做法与“网师园”的整体安排有异曲同工之妙，并且这种情况比较多地存在于很多如

“拙政园”“退思园”等著名的苏州园林之中。

从表达文人士大夫“隐逸”思想与传统文化角度来看，“沧浪亭”整体结构立意以及置景相对纯粹，也比较有特色，隐逸的意味更明显。“网师园”整体构造以及置景则杂糅而成。但从园林艺术层面上来看，后者却不失精雅和实用之美。

当时造园人和后来的居住者都是封建士大夫或曾经的达官贵人，并不是陶渊明那样的隐者。对这些人而言，陶渊明式的“隐逸”不是他们真正要追求的生活方式，而只是努力追求的一种精神生活意趣。要是他们的寓所没有了可停轿子的“轿厅”，没有了可按规格接待客人的“正厅”，那就难以与朋友圈里的达官贵人进行正常交往，也就可能会失去自己的社会地位和体面的生活。拙政园内远香堂、留园内林泉耆硕之馆等园林建筑中，家具规格高、做工考究，体现了园主的官僚身份，说明园主人其实并不愿放弃社会地位和优厚的物质生活。他们在园林中的隐居其实遵从的还是白居易的“中隐”思想，而苏州园林中的气派豪华和文人雅趣两者结合，构成了亦官亦文的隐士情调。

苏州古典园林并不完全是避世隐居的场所，但其中受到隐逸思想影响的例子仍然随处可见，其中以陶渊明为代表的隐逸文化非常多。拙政园东部原王心一的“归园田居”直接取名于陶渊明的诗歌作品，拙政园内见山楼的典故也出自陶渊明“采菊东篱下，悠然见南山”，只是不同景观中的隐居文化表现形式也有所不同而已。

PART 02
苏州人的园居生活

现在苏州古城内保留了大批老式民宅，漫步在苏州古城之内，高高的垣墙夹着曲折的街巷，颇有些曲径通幽的意境。高墙内不知深藏了多少私家的花园。中国古典园林讲究闹市与园林相隔，嘉者收之，俗者屏之，宅

周庄古镇

园融合为一体，然而这也显出了苏州生活的另一面，市井生活与清静别院从来都是互为表里，共同成为苏州居住和文化空间的魂魄和精髓。清雅淡泊的文人趣味提炼了苏州的精神气蕴，避世而不离世，“隐于市”的美学体味却也需要人间烟火来加以成全。

苏州城内依河而建的民居，多是白墙青瓦的老房子，外墙多已斑驳，却如同淡淡的丹青。房子里的花窗多用棕红或棕黑色木料，清淡分明。江南匠人的心思玲珑，把园居美学发挥到了极致，即便不是园林也会有园林的意趣。幽静的河道与鳞次栉比的房屋、楼阁，以及河上的小桥，水边的花木之间彼此借景，加上各色人等，宛如一幅清明上河图般的风情长卷。偶然河边一株柳树的枝干斜斜地倚到河面上，嫩丝轻垂，颇有拂波之意。河道窄处，两岸人家似乎伸手可触，宽处则可容一艘船周转自如。站在造

虎丘 万景山庄

型别致的石桥上，看着河道蜿蜒，“三远”的意境犹存。

园林是苏州最为重要的文化标签，因为居住环境最能体现人们的生活品位。苏州园林最绝妙之处，就是将中国传统绘画的意境完美地立体化了，让园林有了特殊的意境之美。园外是嘈杂的街市，园内便是自己营造的一方逍遥天地，不出门就可以享受田园风光和山林野趣，这本身就充满了古时文人阶层的浪漫想象。其实，即便是最普通的苏州人，日常的生活中也少不了简约“园林”，在院子中摆放几盆最普通的盆景，点缀几块奇石，缩龙成寸，盆盎生辉。或将莲花养在大碗中或水缸里，莲花盛开时，养莲的缸中再养些金鱼，水底种几株水草，香远益清、亭亭净植。于是，天地乾坤便浓缩在方寸之间，可谓是“无水不园林，无荷不水景，无盆不成院”，苏州人将园林之美和造园意识运用在身边。

除了私家园林，苏州周边的一些公共园林，自古以来也是非常受欢迎的游憩场所，如享誉“吴中第一名胜”美名的虎丘。在漫长的历史发展过

柴园——隐藏在小巷里的园林

程中，虎丘的山水名胜为市民提供了一个交流聚会的场所，逐渐形成了一系列具有浓厚民俗风情和吴文化特色的游览集会活动，有春之牡丹市、夏之乘凉市、秋之木樨市，清明、七月半、十月朝的“三市三节”。每逢市、节之时，苏州百姓邀约齐聚虎丘，或赏国色天香之牡丹，或享清幽旷远之凉风，或闻沁人心脾之木樨香。明代袁宏道在《虎丘记》中写道：“虎丘……中秋为尤胜。每至是日，倾城阖户，连臂而至。”自明代以来，每年八月十五，“中秋之夕，共游虎丘，千人石听歌，樽棊云集，士女摊迟，笙歌彻夜……皆铺毡席地而坐，登高望之，如雁落平沙，霞铺江上”。（明代张岱《陶庵梦忆·虎丘中秋夜》）清代顾禄《清嘉录》中记载，元宵灯会时苏州市民齐聚虎丘，张灯结彩的灯船游弋于山塘河。丰富多彩的民俗活动还催生了许多民间故事和传说，著名弹词《玉蜻蜓》《三笑》的主要故事情节就发生在虎丘一带。虎丘的“三市三节”、曲会、灯会等成为民间非物质文

虎丘山秋天的风光

化遗产的珍贵传承，充分显示了传统文化的魅力。此外，虎丘还是历代文人画家的创作源泉，为他们提供了丰富的艺术灵感，写下和绘就了无数诗文书画。

此外，苏州历史上发达的住宅和园林营造，衍生出苏式木作等相关产业。位于太湖之滨的苏州香山自古出建筑工匠，擅长复杂且精细的中国传统建筑技术，即所谓的“香山帮匠人”，其代表的建筑营造技艺成为重要的文化遗产，文献中有“江南木工巧匠皆出于香山”的记载。

园林作为一种生活方式，与家具也有着千丝万缕的关系，装饰和室内陈设都是古典园林的重要内容。园林中的苏式彩画甚至影响到皇家园林的营造，而苏作家具使园林更加精致、高雅，结合了文人思想的家具让生活更加真实，让人更懂得享受生活。苏式木作和苏作家具巧夺天工，镂空

静思园

雕、圆雕、浮雕、嵌雕、阴刻等多种工艺手法，共同呈现出“精、细、雅、丽”的艺术特色。

“不到园林，怎知春色如许。”一曲《牡丹亭》唱出了园林和戏曲的密切关系，也反映了园居生活的优雅。我国的园林艺术从两宋至明清逐步走向成熟和繁盛，尤其自明中叶后造园兴盛，与园居生活相关的戏曲尤其是昆曲盛行于江南，园与曲具有了不可分割的关系，不但很多戏曲的名字与园林有关，而且曲境更与园林相互依存，有时甚至曲境就是园境，而园境又同于曲境。从艺术角度来看，戏曲艺术与文学艺术的意境与园林的追求是一致的，只是通过不同的形式表现而已。古代的文人士大夫造园时，往往先建造花厅，而花厅又以临水为多，或者再添建水阁等功能性建筑，花厅、水阁往往都是兼顾作曲之所，如苏州怡园藕香榭、网师园濯缨水阁

苏州园林昆曲

苏州博物馆

等，丰富了园主人的生活。

苏州园林和昆曲的共同审美特征之一，在于其柔情似水、佳期如梦的“水文化”与“水磨腔”。园林以“雅”为主，所谓“典雅”“雅趣”“雅致”“雅淡”“雅健”等，莫不突出一个“雅”字。而昆曲之高者，是由文人来进行创作，所谓“必具书卷气”，这是昆曲的一大特色。“梨园雅曲”，就

木渎古镇的严家花园

是说要将文化具体表现在戏曲作品上，这就是作为百戏之祖的昆曲的魅力之源。

身处美妙的园林之中，当夜色初上，水阁风来，余音绕梁，满院笙歌，侧耳倾听，此情此景，勾起无尽的回忆。盛暑于绿云摇曳的荷花厅前赏一曲清歌，真有人间天上之感。漫步在苏州古城街巷之中，行走在七里山塘，可驻足看戏台清唱，体验传统的江南民俗民风、小桥流水人家、船娘吴歌，的确是别有风味，意蕴无穷。

PART 03
苏州园林，中国园林艺术的缩影

苏州拥有古典园林、中国大运河苏州段两项世界文化遗产，拥有昆曲、古琴、端午民俗、宋锦、缂丝、香山帮传统建筑营造技艺六项非物质文化遗产代表作，拥有近现代中国苏州丝绸档案一项世界记忆遗产，还被联合国教科文组织命名为“手工艺和民间艺术之都”，是同时拥有“世界文化遗产”和“世界非物质文化遗产”的“双遗产”城市。这些厚重深邃和博大精深的文化遗产，使苏州这座古老的城市具有了与众不同的魅力。

苏州园林的独特价值

苏州园林在时间上跨越了千年，有绵延不断的历史，在地域分布上包括了苏州古城及周边的中小城镇的园林建设，在造园艺术上众多有特色的江南园林组成了苏州古典园林完整的艺术体系，完美体现了中国园林艺术“虽由人作，宛自天开”的艺术境界和鲜明的艺术特征，展现了中国园林艺术的缩影，在世界园林艺术体系和文化遗产中均占有重要地位，也成为苏式生活的重要文化载体和吴文化的特色博物馆。

宅、园合一的苏州园林，具备完美的居住条件，把自然山水融入住宅之中，通过叠山理水、栽植花木，营造出可赏、可游、可居的生活环境，创造了“居闹市中而近自然”的“城市山林”，热闹的街市之中别有洞天，不出城郭而获山林之趣，反映了人们对理想生活环境的艺术追求。始建于宋代的沧浪亭，始建于元代的狮子林，始建于明代的拙政园、留园、网师园、艺圃，始建于清代的环秀山庄、耦园、退思园，它们所形成的不

蔷薇雨后满窗前，墙角葳蕤盛绿裳

同艺术风格都受当时社会、经济、文化的深刻影响，体现了浓郁的时代和地域特征。

沧浪亭的崇阜广水，狮子林的“倪瓒山水”，拙政园的平远山水，艺圃的疏朗淡雅，留园的移步换景，网师园的小中见大，环秀山庄的虚实相间，耦园的诗画山水，退思园的水乡弥漫等，既各具特色，又是完整艺术体系中的经典作品，运用了自然科学和社会科学领域众多学科的技术知识，以实体的存在体现其整体的艺术特征。

苏州园林不仅是历史文化的产物，同时也是中国传统文化的重要载体，更是园林艺术研究的重要范本。园林题名、楹联匾额、碑刻塔铭、雕刻装饰以及古树花木、赏石叠山等内容不仅是组成或点缀园林的精美艺术品，同时储存了大量的历史、文化、思想和科学信息，物质和精神内容极

静思园

✕ 退思园

其丰富，是珍贵的艺术品，具有极高的历史价值、文物价值和研究价值。

苏州古典园林作为宅园合一的宅第园林，其建筑规制也反映了古代江南民间起居休闲的生活方式和礼仪习俗，是研究、展示古代江南民风民俗的实物资料，其文化价值还有待于人们不断挖掘和研究。苏州古城中散落着灿若群星的古典园林，充分体现了中国造园艺术的特色和水平，因而成为园林艺术研究不可缺少的重要基地。

如何欣赏和保护苏州园林

1997年，苏州古典园林中的拙政园、留园、网师园和环秀山庄被列入

《世界文化遗产名录》。2000年，沧浪亭、狮子林、耦园、艺圃和退思园作为苏州古典园林的扩展项目，也被列为世界文化遗产。联合国教科文组织对苏州古典园林列入《世界文化遗产名录》的评语："没有哪些园林比历史名城苏州的园林更能体现出中国古典园林设计的理想品质，咫尺之内再造乾坤。苏州古典园林被公认是实现这一设计思想的典范。这些建造于11—

艺圃

╳ 瑞园

19世纪的园林，以其精雕细琢的设计，折射出中国文化中取法自然又超越自然的深邃意境。”

苏州古典园林在有限的空间范围内，因地制宜、师法自然、巧于因借，运用高超的叠山理水、花木栽植、建筑营造等多元化造园技法，将湖光山色与亭台楼阁融为一体，把生意盎然的自然美和极富创造性的艺术美融为一体，组建成丰富多彩、小中见大、曲径通幽的空间布局，创造出大量精致典雅、诗情画意的写意山水园林精品，令人不出城市便可感受到山林的自然之美，突出体现了中国古代造园家的高超技艺和卓越智慧，其取法自然而又超越自然的独特设计理念深刻影响着东西方园林艺术体系的发展；园林内丰富的各式建筑、假山石峰、书法作品以及各种类型的家居陈设、装饰艺术品等，系统地展示了古代中国江南地区高超的艺术成就，折射出中国传统文化中的精髓和内涵。

被列入《世界文化遗产名录》的苏州古典园林，是中华园林文化的翘楚和骄傲，加深了人们对苏州园林的了解。

从遗产保护角度看待苏州园林，苏州园林建筑类型齐全，结构布局、建筑形制、假山石峰、植物配置、匾额楹联、家具陈设等均保留完整，其

尚志堂吴宅

缓冲区内的河道、街巷、民居以及文化氛围等所有必要元素均保存良好，系统而全面地展示出苏州古典园林“城市山林”的原本风貌、氛围和意境。

此外，还要做好遗产保护的真实性，结合史料尽可能地挖掘历史景观，凸显地域特色，为更好地恢复当地历史环境与整体风貌打好基础。现存有关苏州古典园林的园记、诗文、绘画以及各时期的测绘资料，翔实记载着苏州古典园林的历史变迁。现存于园林中的大量古树名木、匾额、楹联、砖雕、石刻、碑文以及其他珍贵的不可移动文物，保存着自其建立以来各个历史时期的真实信息，其中蕴含的当地传统造园技艺世代相传至今。历代造园师们所秉承“咫尺之地再造乾坤”的设计思想，以及“师法自然、巧于因借、因地制宜”的造园手法一脉相承，取法自然而又超越自然的苏州古典园林的深邃造园意境得以保存并真实呈现。

苏州古典园林保护还要科学制定保护规划，完善对遗产保护的立法，为园林保护和发展提供强有力的保障，同时还要让古城保护与苏州古典园林的保护规划相衔接，更加充分地发挥古城的历史价值，使其重现历史光彩。

讲好园林的故事

古代的工匠造屋和营园，造的都是时间，显的都是手艺，出的都是精品。园中每一处风景，每一个细节，都蕴含着深远的意味，都有曲折动人的故事，值得我们去细细探究，去认真品赏。古典园林作为中华优秀传统文化的重要组成部分，始终是中华优秀传统文化的骄傲。苏州园林丰富多

拙政园

彩的历史名园和名人故事，更是折射出传统文化的无限魅力。

苏州古典园林集建筑、叠石、花木、理水、盆景、雕塑、陈设、书画、诗文、戏曲等诸种高雅艺术之大成，集中体现了古代文人士大夫生活艺术化、艺术生活化的理想追求。园林不仅仅是园林，更是多姿多彩的生活艺术。

古老的园林凝聚了先人的择居智慧，渗透了诗意栖居的理想，漫步其中能感受到自然的声音、文化的魅力、心灵的放松。苏州园林是历代建造具有典范性的，以写意山水艺术为特征的园林经典作品，代表了江南园林的美妙奇绝，这些由古典建筑、人工山水、花草树木为要素组成的宅第园林、寺庙园林、衙署园林、会馆园林、书院园林等，具有多重的价值和多元的功能，蕴含了对生活的感悟，对人生的思考。

可以说，苏州园林是苏式生活的精髓，而苏州园林的瑰丽离不开吴文化的积淀和浸润，也离不开晚明文人的文学造诣和目营心匠，尤其是明代文震亨、计成等人的理论著作深入刻画了苏州园林艺术，结合着园林中的石水、庭院、家具等布局将那时文雅逸然、闲雅志趣的生活展现得妙趣横生，呈现了苏州明代生活的审美、艺术、文化与思想。苏州园林的美好也离不开清代园林的发展和建设，张南垣、戈裕良等叠山大师留下了不朽的作品，使我们能够真切感受到古典园林的一山一池、一草一木。当然，苏州园林的留存更离不开现代人对古代文化遗产的继承和保护，无数的专家学者搜尽文献古籍，深入研究历史。

依水而生、文化相伴的苏州人，将生活的诗意、曼妙的情感与雅致的古典园林相连接，传递了一种人与自然的和谐关系，这也是现代人所匮乏的，被繁华都市隔断的人与自然接触的机会，这种生活方式给今天的我们以生活启迪和憧憬。

西园寺

物华天宝，人杰地灵的苏州，浸润于底蕴深厚的吴文化之中，也许深藏于血脉之中对园居生活的喜爱，使得在这片土地上，几千年来关于园林的传奇故事一直在流传。匠心独运的园林就像一幅幅浓得化不开的写意山水画，隐含着不可名状、令人似懂非懂的无尽禅意，使人仿佛徜徉在博大精深的中国传统文化之中。

结束的话

园林文化既是生活方式，又是精神载体，两者互相渗透，表现出社会文明的高低程度。正如近代文学家林语堂所言："艺术和生活融为一体，达到了中国文化的顶峰——生活的艺术，这也是人类智慧的最终目的"。在他的名作《理想之屋》中还引用明人的文字表达了文人的理想园居生活：

"门内有径，径欲曲；径转有屏：屏欲小；屏进有阶，阶欲平；阶畔有花，花欲鲜；花外有墙，墙欲低；墙内有松，松欲古；松底有石，石欲怪；石面有亭，亭欲朴；亭后有竹，竹欲疏；竹尽有室，室欲幽；室旁有路，路欲分；路合有桥，桥欲危；桥边有树，树欲高；树阴有草，草欲青；草上有渠，渠欲细；渠引有泉，泉欲瀑；泉去有山，山欲深；山下有屋，屋欲方；屋角有圃，圃欲宽；圃中有鹤，鹤欲舞；鹤报有客，客不俗；客至有酒，酒欲不却；酒行有醉，醉欲不归。"

居于园林之中，闲暇的夏日午后，捧一杯香茗，翻几页好书，偷得浮生半日闲，人生何其乐哉！睦邻好友来访，清风习习、花香四溢、树影斑驳，或躺或坐，畅聊、品茗、下棋、赏花、听曲……端的是雅趣非凡。

居于园林之中，感受四季的芬芳，四时的烂漫，四方的宁静，也找到了热爱山水与林泉的理由，放眼望去，只觉生机盎然，活力无限，眼前的山水、花木、建筑与此时的心境竟是那么合拍，那么相得益彰，真可谓是“一花一树皆有景，一静一动皆成诗”。这就是苏州园林的魅力，这就是苏式生活，这或许也就是我们所憧憬的理想家园……

城市中
一抹充满生机的绿色
嘈杂中平添了些许自然
园林里
潇洒悠然的诗意栖居
是无数人对理想的追求
信步间
不经意的诗情画意
让节奏慢下来
让生活更加多彩
透过一扇扇别致的绮窗
领略四时风景
桃红柳绿
回首处一池荷香
秋叶冬雪
谁在乎寒风凄雨
时间变了
心也会快乐起来
而园林魅力依旧
几时归去

告别车马喧

觅一处佳境

呼吸着清新的空气

侧耳聆听鸟语花香

平淡的生活

衍生出多少美好

多少期盼

参考文献

【1】汪菊渊.中国古代园林史[M].北京：中国建筑工业出版社，2006.

【2】周维权.中国古典园林史[M].北京：清华大学出版社，2008.

【3】魏嘉瓒.苏州古典园林史[M].上海：上海三联书店，2005.

【4】陈从周.苏州园林[M].上海：同济大学出版社，2018.

【5】刘敦桢.苏州古典园林[M].北京：中国建筑工业出版社，2005.

【6】陈从周.中国园林鉴赏辞典[M].上海：华东师范大学出版社，2001.

【7】邵忠,李瑾.苏州历代名园记·苏州园林重修记[M].北京：中国林业出版社，2004.